CULTURA E CIDADE
USOS E REPRESENTAÇÕES DO ESPAÇO URBANO

Editora Appris Ltda.
1.ª Edição - Copyright© 2024 dos autores
Direitos de Edição Reservados à Editora Appris Ltda.

Nenhuma parte desta obra poderá ser utilizada indevidamente, sem estar de acordo com a Lei nº 9.610/98. Se incorreções forem encontradas, serão de exclusiva responsabilidade de seus organizadores. Foi realizado o Depósito Legal na Fundação Biblioteca Nacional, de acordo com as Leis nos 10.994, de 14/12/2004, e 12.192, de 14/01/2010.

Catalogação na Fonte
Elaborado por: Dayanne Leal Souza
Bibliotecária CRB 9/2162

C968c 2024	Cultura e cidade: usos e representações do espaço urbano / Amílcar Torrão Filho, Denise Bernuzzi de Sant'Anna (orgs.). – 1. ed. – Curitiba: Appris, 2024. 194 p. : il. ; 23 cm. – (Geral). Vários autores. Inclui referências. ISBN 978-65-250-7176-3 1. Cidade. 2. Urbanismo. 3. História urbana. I. Torrão Filho, Amílcar. II. Sant'Anna, Denise Bernuzzi. III. Título. IV. Série. CDD – 711

Livro de acordo com a normalização técnica da ABNT

Appris editora

Editora e Livraria Appris Ltda.
Av. Manoel Ribas, 2265 – Mercês
Curitiba/PR – CEP: 80810-002
Tel. (41) 3156 - 4731
www.editoraappris.com.br

Printed in Brazil
Impresso no Brasil

Amílcar Torrão Filho
Denise Bernuzzi de Sant'Anna
(org.)

CULTURA E CIDADE
USOS E REPRESENTAÇÕES DO ESPAÇO URBANO

Appris
editora

Curitiba, PR
2024

FICHA TÉCNICA

EDITORIAL	Augusto Coelho
	Sara C. de Andrade Coelho

COMITÊ EDITORIAL:

- Ana El Achkar (Universo/RJ)
- Andréa Barbosa Gouveia (UFPR)
- Antonio Evangelista de Souza Netto (PUC-SP)
- Belinda Cunha (UFPB)
- Délton Winter de Carvalho (FMP)
- Edson da Silva (UFVJM)
- Eliete Correia dos Santos (UEPB)
- Erineu Foerste (Ufes)
- Fabiano Santos (UERJ-IESP)
- Francinete Fernandes de Sousa (UEPB)
- Francisco Carlos Duarte (PUCPR)
- Francisco de Assis (Fiam-Faam-SP-Brasil)
- Gláucia Figueiredo (UNIPAMPA/ UDELAR)
- Jacques de Lima Ferreira (UNOESC)
- Jean Carlos Gonçalves (UFPR)
- José Wálter Nunes (UnB)
- Junia de Vilhena (PUC-RIO)
- Lucas Mesquita (UNILA)
- Márcia Gonçalves (Unitau)
- Maria Aparecida Barbosa (USP)
- Maria Margarida de Andrade (Umack)
- Marilda A. Behrens (PUCPR)
- Marília Andrade Torales Campos (UFPR)
- Marli Caetano
- Patrícia L. Torres (PUCPR)
- Paula Costa Mosca Macedo (UNIFESP)
- Ramon Blanco (UNILA)
- Roberta Ecleide Kelly (NEPE)
- Roque Ismael da Costa Güllich (UFFS)
- Sergio Gomes (UFRJ)
- Tiago Gagliano Pinto Alberto (PUCPR)
- Toni Reis (UP)
- Valdomiro de Oliveira (UFPR)

SUPERVISORA EDITORIAL	Renata C. Lopes
PRODUÇÃO EDITORIAL	Daniela Nazário
REVISÃO	Manuella Marquetti
DIAGRAMAÇÃO	Andrezza Libel
CAPA	Eneo Lage
REVISÃO DE PROVA	Bianca Pechiski

SUMÁRIO

INTRODUÇÃO.. 7

CAPÍTULO 1
OS 130 ANOS DO CÓDIGO SANITÁRIO DO ESTADO DE SÃO PAULO DE 1894: A LEGISLAÇÃO EM PROL DA URBANIZAÇÃO........................11
Diógenes Sousa
Renata Geraissati Castro de Almeida

CAPÍTULO 2
AS LENTES DE AURÉLIO BECHERINI E A CIDADE EM TRANSFORMAÇÃO: HISTÓRIA E MEMÓRIA 33
Renata de Oliveira Carreto
Heloisa de Faria Cruz

CAPÍTULO 3
CIDADES PANTANEIRAS: A QUESTÃO URBANA NA HISTORIOGRAFIA DE VIRGÍLIO CORRÊA FILHO 55
Lucas Rozendo
Alberto Luiz Schneider

CAPÍTULO 4
ESPAÇOS NARRADOS: MODERNIDADE URBANA E IDENTIDADE CULTURAL NO RIO DE JANEIRO E EM SÃO PAULO................................. 83
Laura de Souza Cury
Amílcar Torrão Filho

CAPÍTULO 5
EFEITOS DE FABRICAÇÃO: ESTÉTICA E POLÍTICA DAS IMAGENS DOS PRIMEIROS ESPAÇOS INDUSTRIAIS NA CIDADE DE SÃO PAULO 113
Verônica Sales Pereira

CAPÍTULO 6
SÃO PAULO NO RITMO DOS CORPOS GORDOS 145
Bruna Salles Braconi de Moura
Denise Bernuzzi de Sant'Anna

CAPÍTULO 7
A MATERIALIDADE PRESENTE NO *LOCUS UMBANDISTA* COMO UMA DAS EVIDÊNCIAS DO ESPAÇO DE CURA DO EXU SEU SETE REI DA LIRA.... 165
Larissa Luísa da Silva

SOBRE OS AUTORES...191

INTRODUÇÃO

Esta publicação é resultado de pesquisas realizadas no âmbito da pós-graduação em História da Pontifícia Universidade Católica de São Paulo, ligadas à linha de pesquisa Cultura e Cidade. Os capítulos aqui apresentados são resultados de pesquisas defendidas em nosso programa, de egressos e de pesquisadores vinculados aos grupos de pesquisa da PUC-SP, todos textos relacionados aos usos e às representações do espaço urbano. É uma característica de nosso programa a relação persistente e estável que os egressos estabelecem com os ex-orientadores e a continuidade dos vínculos com as pesquisas realizadas pelos professores. Reflete também a capacidade de formação de redes com pesquisadores de outras universidades que participam dos grupos e pesquisa de nosso programa de pós-graduação no Brasil e no exterior. A linha de pesquisa Cultura e Cidade está centrada nos processos de constituição urbana, das culturas e das experiências de viver nas cidades, em diferentes espaços e temporalidades, colocando em foco disputas na construção de poderes, na demarcação de territórios e na afirmação de memórias urbanas. A linha enfatiza as reflexões sobre os processos de construção das condições materiais de vida, das culturas e do cotidiano, tematizando as lutas de diferentes grupos e sujeitos pelo direito à cidade e à cidadania. Dialoga com as experiências de múltiplos sujeitos nas mais diversas condições de vida, de luta e em diferentes situações históricas.

Ao definir o espaço de constituição do capitalismo e da modernidade, Fernand Braudel, em seu clássico *Civilização Material, Economia e Capitalismo*, não hesita em afirmar a cidade como o lócus de construção histórica desta modernidade. As cidades são, para esse autor, citando Karl Marx, como transformadores elétricos: elas aumentam as tensões, precipitam as trocas, removem a vida dos homens. São nascidas da mais revolucionária divisão do trabalho: campo de um lado, atividades urbanas do outro. A cidade é cesura, ruptura, destino do mundo. Tão importante quanto seu conceito de *longa duração*, tão utilizado por historiadores e cientistas sociais, Braudel, ao dar tamanha importância ao espaço e à cidade, também elaborou um conceito que dá conta da dinâmica que envolve a cidade e a história, a pouco citada *longa dimensão*. A vida da cidade está associada a um espaço de longa dimensão, de onde vêm seus homens, onde estão suas relações comerciais, cidades, vilas e mercados que aceitam os seus pesos e medidas ou suas moedas, ou que falam a sua língua dialetal. De onde ela, imperiosa, imperial e imperativamente, tira seu sustento, sua mão de obra, seu exército industrial de reserva, seu poder. A cidade é lugar de consecução da história, além de ser a própria história que se faz por meio de seus fatos, de suas instituições e de suas transformações. Ela é essa "pátria artificial", da qual fala o arquiteto italiano Aldo Rossi, "depósito de fadigas" do trabalho de nossos antepassados e repositório de memória e de história, na qual vivemos e transformamos o mundo.

O primeiro capítulo é de Diógenes Sousa e Renata Geraissati Castro de Almeida "Os 130 anos do Código Sanitário do Estado de São Paulo de 1894: a legislação em prol da urbanização". Trata da criação do Código Sanitário de 1894 em São Paulo, que foi fundamental para a formação de uma legislação voltada à saúde pública no estado, instituída no final do século XIX. Surgiu em um contexto de crescente urbanização e industrialização, quando as condições sanitárias de São Paulo se deterioravam rapidamente, contrastando com a imagem de modernidade projetada para a cidade. Diante do alto crescimento populacional e da demanda por infraestrutura, tornou-se essencial desenvolver uma legislação que estabelecesse diretrizes detalhadas para diversos espaços urbanos, como ruas, praças, construções habitacionais, habitações coletivas, hotéis, pensões, fábricas, teatros, mercados, padarias, açougues e matadouros. O Código Sanitário abordava questões de saúde, habitação e outros fatores críticos para a gestão pública.

O segundo capítulo, "As lentes de Aurélio Becherini e a cidade em transformação: história e memória", de Renata Carreto e Heloisa de Faria Cruz, aborda a obra fotográfica do italiano, radicado no Brasil, Aurélio Becherini, relacionando-a às transformações da cidade de São Paulo entre o final do século XIX e início do XX. Dono de um estilo único, Becherini, por meio do trabalho realizado nas duas décadas iniciais do século XX, compõe uma espécie de crônica de temas do cotidiano urbano e da paisagem humana de uma cidade em movimento de demolição e reconstrução contínua. Trata-se de, por meio da análise de algumas imagens, refletir sobre a construção de sentidos em relação ao processo que transformou São Paulo de vila colonial à metrópole emergente, bem como problematizar os modos como a fotografia constitui/fixou uma memória histórica do período.

O terceiro capítulo se intitula "Cidades pantaneiras: a questão urbana na historiografia de Corrêa Filho", escrito por Lucas Rozendo e Alberto Luiz Schneider, e aborda a temática urbana na historiografia de Virgílio Corrêa Filho (1887–1973), com foco em especial no livro publicado pelo IBGE *Pantanais Matogrossenses (Devassamento e Ocupação)* (1946). O historiador Corrêa Filho examina os traços singulares das cidades pantaneiras, destacando aspectos históricos, geográficos e socioeconômicos que influenciaram seu desenvolvimento. São analisados casos específicos, como Santo Antônio, Melgaço, Poconé, Cáceres, Corumbá, Herculânea, Miranda, Aquidauana, Nioaque e Porto Murtinho, abordando suas respectivas origens, formações históricas, desafios enfrentados e características urbanas distintas. O texto também contextualiza a relação entre as cidades pantaneiras e a identidade regional, ressaltando a influência do ambiente natural e das atividades econômicas na configuração desses espaços urbanos. Por fim, o capítulo examina o papel de Corrêa Filho como historiador e intelectual mediador na construção da narrativa histórica e na representação das cidades pantaneiras como parte integrante da identidade pantaneira e consecutivamente mato-grossense.Parte inferior do formulário.

O capítulo seguinte, "Espaços narrados: modernidade urbana e identidade cultural no Rio de Janeiro e em São Paulo", é de autoria de Laura de Souza Cury e Amilcar Torrão Filho. Esse texto se propõe a investigar a interação entre a arquitetura moderna, sua representação fotográfica e a construção de narrativas urbanas e culturais nas cidades do Rio de Janeiro e São Paulo, demonstrando como esses componentes colaboram na definição de uma identidade nacional projetada. Mediante a análise de determinados projetos arquitetônicos emblemáticos e suas representações imagéticas, o capítulo explorará o papel significativo da modernidade arquitetônica, que vai além de sua função prática ao se posicionar como um meio expressivo de relatar histórias e aspirações do Brasil no século XX. O capítulo ressaltará a influência decisiva da arquitetura moderna e de suas imagens na formação de um Brasil que aspira à modernização, atuando não somente como cenário, mas também como protagonista na criação de narrativas de progresso e renovação.

O capítulo 5, da professora Verônica Sales Pereira, da Unesp, trata das estratégias e conflitos em torno da apropriação dos antigos edifícios industriais no bairro da Mooca, em São Paulo, por meio de suas representações iconográficas. Disputados entre boom imobiliário e patrimonialização, entre a formação de enclaves fortificados e as resistências a eles, esses espaços industriais são objeto de inúmeros atores, como arquitetos, fotógrafos, pintores, cartunistas, grafiteiros, pichadores, publicitários, cujas práticas conferem novos sentidos, recriam identidades e lugares, revelando as tensões e/ou complementaridades entre estetização mercadológica e a politização da arte. Problematizam assim a formação singular de um espaço público, no duplo sentido de uma paisagem urbana heterogênea e da partilha do sensível.

Já no capítulo intitulado "São Paulo no ritmo dos corpos gordos", de Bruna Salles e Denise Bernuzzi de Sant'Anna, a capital paulista aparece pontuada por experiências lúdicas e também de consumo, destinadas aos corpos gordos. O capítulo mostra algumas das principais feiras e festas criadas por grupos de ativistas e influenciadores gordos, tais como o Toda Grandona e o Pop Plus, eventos que caracterizam a conquista de direitos à diversidade de aparências e de gostos, assim como a sua expressão pública na cidade.

No último capítulo, "A materialidade presente no *locus umbandista*, como uma das evidências de Exu", Larissa Luísa da Silva nos apresenta um recorte do espaço urbano de São Paulo que são os terreiros de umbanda, para os quais a autora utiliza o conceito de *locus*, de Aldo Rossi (1931-1997) para pensar o espaço concreto e material dos terreiros de umbanda e candomblé, e sua relação com os elementos simbólicos e religiosos desse espaço de devoção e simbolismo. Ou dito de outra forma, como as práticas religiosas nos terreiros combinam elementos materiais, uso do espaço, é na terra do terreiro que se materializam os orixás e suas representações, e elementos simbólicos para darem outros significados ao espaço que habitam.

Finalmente, gostaríamos de agradecer aos autores pela qualidade de seus trabalhos aqui apresentados, bem como à Capes, que, por meio da Portaria n.º 155, de 10 de agosto de 2022 – Programa de Desenvolvimento da Pós-Graduação (PDPG) Emergencial de Consolidação Estratégica dos Programas de Pós-graduação stricto sensu acadêmicos, financiou a publicação desta obra.

CAPÍTULO 1

OS 130 ANOS DO CÓDIGO SANITÁRIO DO ESTADO DE SÃO PAULO DE 1894: A LEGISLAÇÃO EM PROL DA URBANIZAÇÃO

Diógenes Sousa
Renata Geraissati Castro de Almeida

Em 1897, o Intendente Municipal de Polícia e Higiene intimou os proprietários de vacas leiteiras a levarem seus animais ao Depósito Municipal do Brás, localizado na Rua do Gasômetro, para receberem uma injeção de tuberculina como medida profilática contra tuberculose. Caso contrário, seus animais seriam apreendidos[1]. Esse episódio reflete de forma emblemática o contexto sanitário da cidade de São Paulo em fins do século XIX, um período em que a salubridade se tornou uma prioridade governamental devido aos efeitos devastadores da falta de saneamento, que resultaram em inúmeras mortes causadas pela doença conhecida como "febres paulistas".

O Serviço Sanitário do Estado, criado pela Lei n.º 12, de 28 de outubro de 1891, era composto por um Conselho de Saúde Pública e uma Inspetoria Geral de Higiene[2]. Em junho de 1892, a Lei n.º 43 organizou a atuação do serviço determinando que seria de sua responsabilidade a realização de estudos relativos à saúde pública, além da atuação para a prevenção de epidemias e elaboração de planos de melhoramentos, bem como a realização de inspeções sanitárias sendo passíveis de aplicação de multa caso infringissem o regulamento sanitário[3]. A Lei n.º 240, de 4 de setembro de 1893, foi um marco na reorganização do Serviço Sanitário do Estado de São Paulo, delegando à esfera municipal uma série de responsabilidades essenciais para a saúde pública. Entre essas atribuições, destacavam-se:

---

[1] EDITAIS - vacas de leite. *A Nação*, 6 ago. 1897. p. 3.
[2] SÃO PAULO (Estado). *Lei nº 12, de 28 de outubro de 1891.* Organiza o Serviço Sanitário do Estado de São Paulo. São Paulo: Câmara Municipal, 1897.
[3] SÃO PAULO (Estado). *Lei nº 43, de 18 de julho de 1892.* Organiza o Serviço Sanitário do Estado de São Paulo. São Paulo: Câmara Municipal, 1892.

a) O saneamento local do meio em todos os seus detalhes.
b) A polícia sanitária das habitações particulares e coletivas dos estabelecimentos industriais e de tudo que direta ou indiretamente possa incluir na salubridade do município.
c) A fiscalização sanitária de todos os grandes estabelecimentos públicos e particulares, que mediata ou imediatamente concorram para modificar as condições sanitárias do meio.
d) A fiscalização da alimentação pública, do fabrico e consumo das bebidas nacionais e estrangeiras, naturais ou artificiais.
e) A organização e direção do serviço de assistência pública.
f) A organização e direção do serviço de vacinação e revacinação[4].

Como parte dessa reestruturação, foram instituídas várias entidades e serviços especializados, que seriam parte do Serviço Sanitário, entre eles o Instituto Bacteriológico, o Laboratório de Análises Químicas e Bromatológicas, o Instituto Vacinogênico, o Serviço Geral de Desinfecção, a Seção de Estatística Demógrafo-sanitária e os Hospitais de Isolamento.

A existência desses equipamentos na materialidade do espaço urbano também se fez presente nos relatos de viajantes e memorialistas. Em seu livro de 1900, Alfredo Moreira Pinto[5] listou as repartições públicas ligadas ao campo da saúde. Um desses equipamentos era o Laboratório Farmacêutico e a Diretoria do Serviço Sanitário, situados na Rua Florêncio de Abreu. A farmácia funcionava no pavimento térreo na parte da frente, com um laboratório localizado nos fundos do edifício. A repartição era composta por um diretor e três médicos inspetores sanitários, cuja tarefa era garantir a atuação do serviço sanitário e o acolhimento de enfermos em épocas de epidemias.

A Repartição de Águas e Esgotos, sob direção do engenheiro Theodoro Sampaio, funcionava na Rua Bom Retiro, em um edifício alugado e adaptado para a realização desse trabalho. No pavimento térreo, localizavam-se a seção de esgotos, a oficina de hidrômetros e outras dependências. No pavimento superior, estavam o escritório técnico, a secretaria, a contabilidade e a seção de drenagem. No Bom Retiro, na Rua Tenente Pena, ficava também o Desinfectório Central, dividido em um pavimento central onde

---

[4] SÃO PAULO (Estado). *Lei nº 240, de 04 de setembro de 1893*. Reorganiza o serviço sanitário do Estado de São Paulo. Artigo 2º. São Paulo: Câmara Municipal, 1893, publicado no Diário Oficial do Estado de São Paulo em 26 de setembro de 1893, p. 8102.

[5] PINTO, Alfredo Moreira. *A cidade de São Paulo em 1900*. São Paulo: Governo do Estado, 1979.

estavam o porteiro e o encarregado da seção de objetos desinfetados. No outro pavimento, encontravam-se as salas da diretoria, da administração e do escritório. O edifício abrigava um diretor médico, um administrador, um almoxarife, dois escriturários, dois chefes de seção, dois maquinistas, dois foguistas, quarenta desinfectadores, doze cocheiros e nove serventes.

O Instituto Vacinogênico, localizado na Rua Pires da Mota, no bairro do Cambuci, possuía cinco pavilhões isolados. Um pavilhão central servia como espaço para a diretoria, além de abrigar um local para vacinação de vitelos e lavagem dos animais. O quadro de funcionários do instituto era composto por dois médicos (um diretor e um ajudante), um escriturário, três serventes e um jardineiro. Assim, a vacinação de animais fazia parte do processo de reestruturação sanitária do estado, que englobava também o fornecimento de toda e qualquer vacina que fosse exigida para o fim de profilaxia animal.

A notícia sobre a vacinação das vacas ilustra a tensão entre a imagem de uma cidade moderna, cosmopolita e industrial, que São Paulo começava a cristalizar no início do século XX, e a persistência de elementos rurais na sua paisagem. Mesmo com o crescimento urbano e industrial, aspectos da vida rural se faziam presentes na paisagem, refletindo uma transição gradual e complexa da cidade de São Paulo.

O processo de urbanização, iniciado na década de 1870, foi deveras célere, impulsionado pelo complexo cafeeiro e pelo início da atividade industrial. A cidade de São Paulo, em 1872, apresentava uma população de 23.243 habitantes e, em 18 anos, esse número elevou-se para 239.820 habitantes[6]. Esse crescimento exponencial foi acompanhado por transformações significativas na estrutura urbana da cidade. No final da década de 1890, já se delineava a configuração urbana que se acentuaria e definiria nas primeiras décadas do século XX. As áreas mais ricas, como Campos Elíseos e Higienópolis, situavam-se na parte alta da cidade, em regiões mais elevadas e afastadas dos problemas de inundação e saneamento que afetavam as partes baixas. Essas regiões abrigavam as elites paulistanas e eram caracterizadas por amplas avenidas, casarões elegantes e infraestrutura moderna. Em contraste, a parte baixa da cidade, nas proximidades dos rios Tietê e Tamanduateí, concentrava os bairros operários e as áreas industriais. Esses bairros, densamente povoados, eram marcados por habitações precárias, cortiços e falta de serviços básicos[7].

---

[6] BONDUKI, Nabil. *Origens da habitação social no Brasil*. 4. ed. São Paulo: FAESP; Editorial Liberdade, 2004.

[7] CAMPOS, Eudes. Casas e vilas operárias paulistanas. *Informativo Arquivo Histórico Municipal*, v. 4, n. 19, jul./ago. 2008.

O aumento exponencial da população foi considerado o responsável por inúmeras mazelas sociais, como aglomerações urbanas, falta de moradia e insalubridade. A situação precária do saneamento contribuiu diretamente para o aumento das epidemias, especialmente aquelas cuja contaminação se dava pelos sistemas de água e esgoto. Segundo Ribeiro, o governo do estado de São Paulo, ao assumir a responsabilidade de criar um mercado de trabalho livre, formou uma massa de trabalhadores para aumentar a concorrência e, consequentemente, manter os salários baixos[8].

Assim, ao tentar resolver a crise de mão de obra na economia cafeeira, o poder público criou um ponto de inflexão para a saúde pública, tornando necessária a ação estatal para desenvolver uma infraestrutura institucional capaz de enfrentar os problemas decorrentes do grande crescimento demográfico. Se, por um lado, a imigração foi vista como o "motor do progresso", trazendo benefícios mediante o contato entre diferentes culturas, por outro lado, foi percebida como um "problema" devido às questões que surgiram associadas ao crescimento desordenado e à dificuldade de rápida assimilação desse grande contingente de pessoas com distintas "visões de mundo".

A pressão demográfica levou à expansão desordenada da cidade, resultando em aglomerações urbanas e falta de moradias adequadas. As condições sanitárias precárias resultaram em altas taxas de mortalidade e na propagação de doenças, fazendo com que as autoridades municipais e estaduais começassem a implementar reformas urbanas e sanitárias para mitigar esses problemas.

Gradualmente, os modos de morar também se tornaram objeto da inspeção e controle dos poderes públicos, especialmente as habitações operárias. Esses espaços simbolizavam o "perigo" representado por seus habitantes e, ironicamente, eram uma oportunidade de lucro para seus proprietários, dada a grande procura por esse tipo de habitação para aluguel no início do século XX. Bresciani argumenta que François Béguin desloca a questão urbana, anteriormente pautada na industrialização e no crescimento demográfico, para questões relacionadas à pobreza, à falta de higiene e às doenças, e seus desdobramentos[9].

Inúmeras intervenções, reformas e planos urbanísticos foram propostos para a capital paulista, Campinas, Santos e outras cidades, com o objetivo de criar uma imagem externa positiva da província — o

---

[8] RIBEIRO, Maria Alice Rosa. *História sem fim:* inventário da saúde pública. São Paulo: Editora Universidade Estadual Paulista, 1993.

[9] BRESCIANI, Maria Stella. A cidade e o urbano: experiências, sensibilidades, projetos. *URBANA:* Revista Eletrônica do Centro Interdisciplinar de Estudos sobre a Cidade, Campinas, SP, v. 6, n. 1, p. 63-94, 2014. p. 66-67.

crescimento industrial também tornava imperiosa a tarefa de fixação da mão de obra[10]. Assim, os preceitos higienistas, leis e códigos sanitários direcionaram as reformas e as construções de edificações na cidade em fins do século XIX, apesar de observarmos que a aplicação dessas normas pela fiscalização municipal não ocorreu de maneira equânime por toda a área urbana e suburbana da cidade.

As condições de vida dos operários no bairro de Santa Ifigênia, um dos mais populosos da cidade, e suas habitações insalubres foram alvo, em 1893, de um relatório produzido por uma comissão presidida por Theodoro Sampaio. Essa comissão tinha como objetivo investigar as condições sanitárias das habitações e cortiços do distrito. O relatório revelou graves problemas de higiene e superlotação, destacando a ausência de saneamento básico e a precariedade das moradias. Essas informações foram cruciais para embasar as determinações do Código Sanitário do Estado de São Paulo de 1894. O código estabeleceu normas rigorosas para a construção e manutenção das habitações, buscando melhorar as condições de vida dos trabalhadores e reduzir a propagação de doenças. Assim, o trabalho da comissão de Sampaio foi fundamental para a implementação de políticas públicas de saúde e habitação, refletindo a crescente preocupação com a salubridade urbana em uma cidade em rápida expansão, conforme veremos adiante.

São Paulo e suas moradias insalubres

Na 33ª Sessão Ordinária da Câmara, foram lidos diversos requerimentos e projetos de lei que tratavam do ordenamento da cidade de São Paulo. Entre os pedidos, estavam desde o conserto de ruas até propostas que visavam a proibição de cocheiras e estábulos "nas partes mais habitadas" da cidade. Essa proposta estipulava que os proprietários dessas instalações teriam um prazo de 60 dias para removê-las para locais mais afastados. Podemos identificar nela uma tentativa de dotar os perímetros centrais de um caráter moderno, alinhado ao ideal de melhoramentos urbanos, visando ao embelezamento da região. Ademais, era cada vez mais presente a ideia de que as doenças endêmicas estavam relacionadas à pobreza, assim, era necessário manter esses espaços afastados da área urbana.

Já o projeto de Lei n.º 74, remetido às comissões de Justiça e de Higiene por Guilherme Maxwell Rudge, visava regular uma tipologia muito debatida: os cortiços. A proposta principiou por frisar que "não

---
[10] LEMOS, Carlos. *A república ensina a morar (melhor)*. São Paulo: Hucitec, 1999.

podendo haver higiene precisa nos cortiços" e ressaltar, ainda, que feitos "de acordo com o padrão da Câmara". A justificativa e prova para sua afirmação da ausência de higiene residiria no fato de que seriam "nessas habitações justamente onde aparecem mais casos de febres de mal caráter, já pela grande aglomeração de habitantes dos mesmos, já pela falta de asseio", assim, deveriam ser extintos. Logo, a proposta do primeiro artigo era a proibição de novas construções de cortiços, e do segundo artigo era de que todos as edificações já existentes que não estivessem em conformidade com o padrão estabelecido pela Câmara fossem sanadas em 60 dias, caso contrário poderiam ser demolidos e seu terreno considerado de utilidade pública[11].

O parecer ao projeto frisou que acreditar que em tão poucos dias desapareceriam "todos os cortiços existentes na cidade e seus arrabaldes", sem prever como seria feita a acomodação dos inquilinos desses locais, em geral uma população com parcos recursos, e sem prever de onde viria o orçamento para realizar essas medidas era ilusório. Sendo o mais correto a adequação desses locais, melhorando-os para que essa população tivesse abrigo e para "que não fiquem na rua, nem vão povoar a cadeia e os hospitais". Concluíam, assim, que "a substituição do ruim pelo ótimo não pode deixar de ser gradual e feita aos poucos". Apesar dessas considerações, a população que residia nesses cortiços não parecia ser o alvo principal de preocupação de Rudge, autor do projeto[12].

Não à toa, seria o mesmo Guilherme Maxwell Rudge beneficiado pela Lei n.º 315, de 14 de agosto de 1897, que autorizou o contrato do Intendente de Polícia e Higiene para a construção de 2 mil casas "de quatro tipos diversos, formando vilas operárias". A proposta concedia ainda isenção de imposto de licença para construção, concessão de uma área de 500 mil metros quadrados "escolhida por acordo entre o concessionário e a Intendência", direito de desapropriação por utilidade pública de terrenos necessários e ainda solicitaria as seguintes concessões, isenção de impostos predial e taxa de água e esgotos, restando à Rudge acordar de alugar as "casas do 2º e 3º tipos, no máximo, respectivamente a 35$000, 48$000 e 58$000 por mês não podendo entretanto, cobrar mais de 12%

---

[11] CENTRO DE MEMÓRIA DA CÂMARA MUNICIPAL DE SÃO PAULO. *Anais da Câmara Municipal de São Paulo*. 33º Sessão Ordinária de 1 de junho de 1893. p. 285-287.

[12] CENTRO DE MEMÓRIA DA CÂMARA MUNICIPAL DE SÃO PAULO. *Anais da Câmara Municipal de São Paulo*. 40º Sessão Ordinária de 26 de setembro de 1893. p. 402-403.

(doze por cento), de aluguel sobre o custo real de cada casa"[13]. O projeto não foi concretizado, já que no ano seguinte a Lei n.º 589 declarou nula e sem efeito a concessão de terrenos municipais à Guilherme Rudge. Apesar disso, essas leis nos permitem entrever como os interesses privados estavam imbricados nas leis propostas pela Câmara[14].

Figura 1 – Projeto de casas operárias (1898) de Guilherme Maxwell Rudge à Câmara

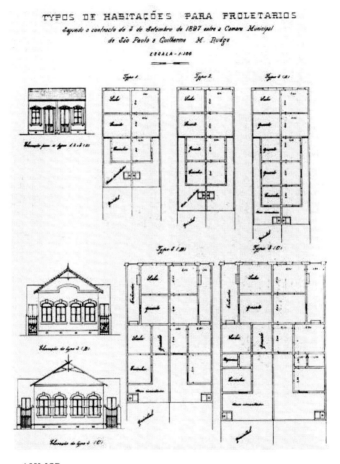

Fonte: Acervo AHMSP

---

[113] SÃO PAULO (Município). *Lei nº 315, de 14 de agosto de 1897*. Autoriza o contrato com Guilherme M. Rudge para construção de Vilas Operárias. São Paulo: Câmara Municipal, 1897, publicado no Diário Oficial da Cidade de São Paulo em 14 de agosto de 1897, p. 1.

[14] SÃO PAULO (Município). Lei nº 589, de 01 de setembro de 1898. Declara nula e sem efeito a lei nº 315, de 14 de agosto de 1897, na parte relativa à concessão de terrenos municipais à Guilherme Maxwell Rudge. *Diário Oficial*, 10 de setembro de 1898. p. 24662.

O vereador Cezario Ramalho da Silva, em seu projeto de Lei n.º 77, de julho de 1893, ressaltou que era "reconhecida a deficiência de habitações para as classes menos favorecidas de fortuna e para grande parte da população operária", em decorrência da escalada nos preços dos terrenos, da carestia e da escassez de materiais de construções, temáticas que vamos assistir serem constantemente mobilizadas. Assim, a aquisição de bens de raiz era dificultada às classes populares que não tinham também acesso aos créditos hipotecários. Em seus argumentos, o acúmulo populacional em uma área restrita da cidade acarretava na construção de habitações denominadas "cortiços", que por sua vez facilitavam a propagação de "moléstias infecto contagiosas" que se "desenvolviam de modo assustador". Sua defesa para a solução desses problemas era que a municipalidade tomasse para si a incumbência de estabelecer vilas operárias e vendê-las em prestações semestrais para assim prestar um serviço relevante e higiênico aos habitantes da capital. O projeto propunha a construção de 200 casas de "construção barata, porém higiênicas e sólidas"[15].

O parecer da comissão foi favorável ao projeto da criação das vilas e do ideal higiênico de ver os "proletários em casas confortáveis e salubres desaparecendo os cortiços que são sempre focos pestilenciais", porém, ressaltavam também a dificuldade de relegar à Câmara tal tarefa, que a tornaria uma "empreiteira". Vemos aí ser delineada uma política que acabou por transferir à iniciativa privada a resolução dos problemas relativos à moradia[16].

Segundo Eudes Campos[17], no seu artigo sobre vila operária, havia o pensamento liberal da época reconhecendo a necessidade de construção de casas populares em quantidade suficiente para abrigar a classe trabalhadora e extinguir os cortiços, porém essa função ficaria a cargo inteiramente da iniciativa privada, que mediante incentivos e favores propiciados pelo Estado, deveria construí-las e explorá-las modicamente. O industrial, ao construir a vila operária, não estava resolvendo apenas um problema habitacional, estava construindo ainda um elemento de pressão junto ao operariado, camuflando ali seus verdadeiros interesses. A casa do operário para o empregador era a garantia de que sua produção não

---

[15] CENTRO DE MEMÓRIA DA CÂMARA MUNICIPAL DE SÃO PAULO. *Anais da Câmara Municipal de São Paulo*. 12º Termo de Comparecimento de 8 de julho de 1893, p. 294-299.

[16] CENTRO DE MEMÓRIA DA CÂMARA MUNICIPAL DE SÃO PAULO. *Anais da Câmara Municipal de São Paulo*. 40ª Sessão Ordinária de 26 de setembro de 1893, p. 402.403.

[17] CAMPOS, 2008.

seria afetada por uma possível futura greve, pois o trabalhador poderia se manter incapaz de rebelar-se e perder sua moradia, ainda que muitas das vezes alugada.

Eva Blay ressaltou como o surgimento dessa relação na figura do "operário/inquilino" impactava nas relações de produção quando a casa passava a ser um dos componentes oferecidos na troca. Portanto, oferecê-la como uma mercadoria implicaria um duplo mecanismo de dominação e lucro por parte das empresas, que poderiam se beneficiar comprando terrenos próximos à fábrica e gerando lucros imobiliários nessa ação. A autora destaca como a Câmara intentou atrair o capital privado na solução do problema da habitação por meio da promoção de facilidades para a construção de casas operárias, tornando-as financeiramente mais atrativas que os cortiços, que envolviam baixos investimentos[18]. Assim, a habitação se configurou como um elemento importante de pressão à força de trabalho em um momento de crescentes conflitos na relação de trabalho.

Uma outra definição das edificações construídas em São Paulo com esse caráter voltado às classes trabalhadoras está presente em Raquel Rolnik:

> A vila comum, construída por empreendedores particulares, é uma série de casinhas iguais de dois ou três cômodos alinhados, geminados, dando para um corredor ou pátio comum, às vezes formando filas nos lotes ou dando diretamente para a rua. O que a diferencia do cortiço é a existência de banheiro e cozinha dentro de cada casa (ou anexo, no quintal de cada uma). Geralmente eram ocupadas por uma família; eventualmente algum cômodo ou o porão era alugado para outra família e então duas famílias compartilhavam a mesma cozinha e banheiro, uma pagando aluguel para a outra[19].

Além disso, nem sempre as habitações eram condizentes com as necessidades das famílias que nelas residiam e, somado às questões anteriores, o problema da salubridade e das epidemias era cada vez mais recorrente, pois sabe-se que,

> Em cada cubículo, verdadeira colmeia humana, com frequência se comprime toda uma família de trabalhadores, às vezes composta de oito ou nove pessoas. [...]. Como é

---

[18] BLAY, Eva Alterman. *Eu não tenho onde morar*: vilas operárias em São Paulo. São Paulo: Nobel, 1985. p. 76.
[19] ROLNIK, Raquel. De como São Paulo virou a capital da capital. *In:* VALLADARES, Licia do Prado (org.). *Repensando a habitação no Brasil*. Rio de Janeiro: Zahar, 1982, p. 126-127.

triste pensar que muitas famílias de trabalhadores vivem em tais tugúrias, onde entre a falta de ar puro, a tísica e a tuberculose alcançam fácil triunfo [...][20].

Conforme aponta Pesavento, na palavra cortiço houve a apropriação do léxico latino *corticea*, com o sentido de colmeia, não à toa vemos essa frequente associação sendo empregada na descrição desses locais de moradia referidos como superlotados[21]. No século XIX, essas habitações das classes desfavorecidas passam a ser associadas a uma degradação moral, foco de epidemias, espaços que carregam um estigma.

A situação habitacional do operariado, frequentemente descrita como "precária", caracterizada por moradias coletivas, porões e pequenas casas com aluguéis elevados, tornou-se tema de discussão entre diversos profissionais, incluindo políticos, médicos, engenheiros, sociólogos e advogados. Esses profissionais produziram inúmeros registros documentando as transformações urbanas ocorridas em diversas cidades durante o final do século XIX e as primeiras décadas do século XX. A "questão urbana" se referia, conforme apontado por Engels, ao que acontecia dentro de todas as "grandes cidades do mundo" que eram industrializadas[22], e isso impactava também em uma rede de colaboração entre diferentes agentes para discutir possíveis soluções que se adequassem às experiências locais, mostrando a interação entre profissionais de diferentes nacionalidades a respeito do urbanismo ao longo do século XIX[23].

O exemplo londrino de intervenção da administração pública para dirimir o alto grau de mortalidade advindo da cólera e a organização de movimentos para a promoção de uma reforma urbana que resultassem em uma melhoria nas condições habitações culminou na *Poor Law* (1834) e nos *Public Health Act* (1847 e 1875), leis que determinavam a regulamentação de pesquisas sobre a qualidade dos bairros, da casa e de seus espaços internos, da água e da luz, servindo de base para outras localidades da Europa, como Alemanha e Holanda[24]. O relatório elaborado pela Comissão Real, em 1885, tecia críticas à legislação existente que não era posta

---

[20] FANFULLA, 11/10/1904, p. 2 *apud* PINHEIRO, Paulo Sérgio; HALL, Michael M. *A Classe Operária no Brasil (1889–1930):* Condições de vida e de trabalho, relações com os empresários e o Estado. São Paulo: Brasiliense, 1981.

[21] PESAVENTO, Sandra Jatahy. "Cortiço". *In:* BRESCIANI, Maria Stella Martins *et al. A aventura das palavras da cidade:* através dos tempos, das línguas e das sociedades. São Paulo: Romano Guerra, 2014. p. 281-288.

[22] ENGELS, Friedrich. *A situação da classe trabalhadora na Inglaterra.* São Paulo: Boitempo, 2010. p. 68.

[23] BRESCIANI, 2014. p. 78.

[24] CALABI, Donatella. *História do Urbanismo Europeu:* questões, instrumentos, casos exemplares. São Paulo: Perspectiva, 2015.

em prática, inviabilizando qualquer tentativa de melhoria das questões salubres, o que nos leva a crer tratar-se também de um problema decorrente da ineficiência do sistema de governo local.

O administrador público e reformador social Edwin Chadwick promoveu um estudo sobre o problema que culminou no relatório sobre a condição sanitária da população trabalhadora da Grã-Bretanha em 1842. Sua atuação resultou na promoção do *Public Health Act (1848)*, que propôs medidas para moradias, abastecimento de água e esgoto, bem como estabeleceu que a saúde pública deveria ser administrada localmente. Charles Booth, em *Vida e Trabalho do povo de Londres*[25], lançou mão do uso da metodologia de pesquisa de campo para instrumentalizar o conhecimento acerca da sociedade urbana naquela estrutura apresentada e elaborou mapas que ilustravam suas observações. De suas conclusões surge novamente a necessidade da intervenção estatal, pois somente assim a questão habitacional, o maior problema de Londres, teria uma solução plausível.

Em São Paulo, as precárias condições higiênicas das habitações, aliadas a uma sucessão de surtos epidêmicos, culminaram na necessidade de o poder público solucionar tal celeuma. Em função disso, uma série de relatos elaborados por sanitaristas sobre as habitações populares, ainda que com uma certa visão elitista, já que preconizava concepções preconceituosas para com a classe trabalhadora, resultaria no *Relatório da Comissão de Exame e Inspecção das Habitações Oper*árias *e Cortiços no Districto de Santa Ephigênia,* datado de 1893.

O engenheiro sanitário do estado, Theodoro Sampaio, em ofício ao secretário de negócios do interior, Cesário Motta Júnior, indicava a necessidade de um levantamento detalhado das áreas mais afetadas pela epidemia de febre amarela a fim de propor reformas urbano-sanitárias, e para tal solicitou a criação de uma comissão para realizar a coleta das informações sobre as habitações[26]. As fichas elaboradas a partir de coleta dos dados da inspeção sanitária trazem a localização das moradias, os nomes dos proprietários e dos inquilinos, a etnia dos moradores, as condições das habitações e as prescrições necessárias para adequar as condições

---

[25] BOOTH, Charles. *Life and Labour of the People in London*. London: Macmillan, 1902-1903.
[26] BORIN, Monique Felix. A contribuição de Theodoro Sampaio ao relatório dos cortiços de Santa Ifigênia: saneamento e urbanismo na trajetória de um engenheiro. *Risco Revista de Pesquisa em Arquitetura e Urbanismo* (Online), v. 14, n. 1, p. 49-57, 2016.

de higiene. Vemos nela uma tentativa do poder público de esquadrinhar os indivíduos que compunham os espaços insalubres e quantificá-los.

A ficha n.º 7 faz referência à propriedade de Carlos Girardi, na Rua General Osório, n.º 47 a 55, e informa que moravam 25 pessoas em cinco casinhas. Os inquilinos eram Paulo Gili (italiano), com mais um adulto e três menores; Dino Pane (italiano), com mais quatro adultos e um menor; Joaquim Gomes da Silva (português), com um adulto; Lourenço Baroni (italiano), com mais um adultos e dois menores; e o açougue de José Gianetti (italiano), que trabalhava com mais sete pessoas e não estava de acordo com os Códigos de Pósturas. Esses dados nos permitem conceber o porquê de o processo migratório estar muitas vezes associado à questão do higienismo[27]. A prescrição da comissão sobre essas habitações era: "aumentar a área de fundo com mais 3 metros quadrados. Cimentar a mesma. Canalizar água. Construir abrigos para as latrinas. Fazer caiação e pinturas externas. Abrir ventilador na frente de todas as casinhas. Asseio geral"[28], algo que, em certa medida, preconizava as regulamentações para habitações coletivas que foram propostas no Código Sanitário de 1894.

Ainda que as fichas sejam sobre a região de Santa Ifigênia, podemos ampliar a análise sobre as condições de moradia e falta de infraestrutura urbana para pensar sobre outros bairros com características semelhantes que sofriam das mesmas agruras acerca das condições de moradia. Pinheiro e Hall nos apontam, utilizando os jornais do período, que

---

[27] Na reprodução das fichas do relatório sobre Santa Ifigênia, destacam-se a grande quantidade de estrangeiros (REIS, Philippe Arthur dos. Colocando o pingo no I: revisitando os cortiços de Santa Ifigênia. Novas perguntas para um velho objeto. *Revista de fontes*, Guarulhos, SP, v. 9, n. 16, jul. 2022). Tal reprodução traz semelhanças ao observado em 1890, por Jacob August Riis, um imigrante dinamarquês que se mudou para Nova Iorque, e trabalhou como repórter do *New York Tribune*, publicou o manifesto *How the Other Half Lives* como uma denúncia das condições de vida da população observada em suas andanças pelos cortiços de *Lower Manhattan*. O título da obra ilustrada faz menção a uma expressão popular exprimindo que as classes abastadas não se preocupavam com as "batalhas cotidianas" dos de baixo, a menos que o desconforto fosse tão grande que implicasse episódios de violência. Compromissado com uma reforma social, o autor adaptou a obra para seu público, possivelmente os proprietários de cortiços, reivindicando por moradias apropriadas, condições sanitárias salutares, existência de parques, *playgrounds* e escolas decentes nessas localidades. Sua análise extrapolou os dados estatísticos, buscando a dimensão humana dos moradores desses espaços, os valores de seus aluguéis e os aspectos de suas vidas. Riis contrariou a ideia difundida de que era a imigração a causadora dos problemas sociais por aumentar a demanda por moradias e expôs serem os proprietários de imóveis moradores de Upper Manhattan os beneficiados com essa conjuntura, em busca por auferir os maiores lucros por espaços cada vez menores, no momento caracterizado por ele como a "era dos Tenements Buildings" (RIIS, Jacob A. *How the Other Half Lives*: Studies among the Tenements of New York. Nova Iorque: Charles Scribner's Sons, 1890).

[28] CORDEIRO, Simone Lucena (org.). *Os cortiços de Santa Ifigênia:* sanitarismo e urbanização (1893). São Paulo: Imprensa Oficial do Estado de São Paulo, 2010, p. 123.

[...] na Barra Funda falta tudo. Até nas ruas principais não há um metro de calçamento, nem um palmo de calçada, nem um conduto subterrâneo. Como resultado, a natureza, por conta própria, cavou fossas que margeiam os canais, o que levou os habitantes a construírem pequenas pontes primitivas para entrar na própria casa [...] É materialmente impossível que o sr. Prefeito municipal conheça o Brás [...] as calçadas não existem e tanto em dias de chuva como em dias serenos as pessoas não podem transitar senão descalças, com as saias ou as calças levantadas até o joelho. Imaginai agora o cheiro de tais ambientes onde várias vezes por dia entram pés tratados de tal forma, imaginai tudo o mais e tereis uma ideia mais ou menos exata do estado daqueles tugúrios e do dano imenso que disso deve necessariamente derivar para a saúde pública[29].

Dessa maneira, o problema da higiene relacionada à habitação se mostrava latente. Desde o fim do século XIX, o operariado paulistano, como dissemos, vivia em inaptas condições, geralmente em cortiços, um terço das habitações existentes em São Paulo em 1904.

Figura 2 – Cortiço em São Paulo

---
[29] FANFULLA, 14/3/1899 e 16/3/1899 *apud* PINHEIRO; HALL, 1981, p. 24-25.

Fonte: Centro de Memória – Faculdade de Saúde Pública USP

De acordo com Piccini, as tipologias de cortiços mais usuais que já constam nas classificações, de 1893:

> • Cortiço de quintal: ocupava o centro do quarteirão com acesso através de um pequeno corredor. De face para a rua, ao lado do portão de entrada, havia quase sempre um prédio de uso comercial.
> • Cortiço casinha: construção independente com frente para a rua, também chamada de pensão.
> • Casa de cômodo: sobrado com várias subdivisões internas.
> • Cortiços improvisados: ocupação precária de fundo de depósitos, fundo de bares, armazéns, cocheiras e estábulos, sempre no centro do quarteirão.
> • Hotel cortiço: tinha uso de restaurante de dia, e no mesmo local à noite, as pessoas se reuniam para dormir[30].

A precariedade dessas habitações incutiu no léxico da palavra cortiço uma carga negativa, ou seja, associando-o a péssimas condições de moradia. Outras denominações aparecem relacionadas ao termo, todas elas com esse caráter depreciativo: "cabeça-de-porco", "casa de cômodo", "estância", "zungu", "pensão", "hotel", "hospedaria", "vila", "quintal", "estalagem" e "fileira de quartos ao longo de um corredor"[31]. As denominações pejorativas para os cortiços ilustram a marginalização social dos seus habitantes, frequentemente imigrantes ou trabalhadores de baixa renda.

A compreensão de tais minúcias do vocábulo é essencial para a compreensão da habitação popular, já que os cortiços são componentes relevantes na formação e organização do espaço urbano. A incipiente industrialização na virada do século passado, em São Paulo, somada à presença da imigração, geram uma demanda crescente por moradia, resultando na ação de profissionais para a resolução de problemas sanitaristas e na ocupação de locais distantes do "centro". O esforço para regular as condições de vida nos cortiços e outras moradias coletivas era parte de um movimento para modernizar a cidade, expresso também no Código Sanitário de 1894, que tentava mudar a paisagem urbana.

---

[30] PICCINI, Andrea. *Cortiços na cidade:* conceito e preconceito na reestruturação do centro urbano de São Paulo. 2. ed. São Paulo: Annablume, 2004. p. 21.
[31] PICCINI, 2004.

O Código Sanitário de 1894[32]

Em 1894, foi promulgado o primeiro Código Sanitário do Estado, um documento extenso e detalhado, dividido em 27 capítulos e composto por 520 artigos que regulamentavam tanto o espaço público quanto o privado. Antes dessa legislação, o tema era regido pelo Código de Posturas Municipais, de 1875, que apresentava regulamentações sanitárias mais vagas para as cidades. Essas normas antigas incluíam diretrizes básicas como a remoção de lixo, limpeza dos quintais, abertura de ruas e estabelecimento de padrões para as construções. Entre esses padrões estavam a altura mínima entre chão e teto, a necessidade de janelas em todos os cômodos e a eliminação de alcovas.

Embora essas regulamentações existissem, uma análise comparativa entre os projetos submetidos para aprovação pela municipalidade e as construções efetivamente realizadas revela frequentes divergências entre o desenho aprovado e a realidade construída. Muitas vezes, as normas eram ignoradas ou alteradas durante a construção, resultando em habitações que não atendiam aos padrões sanitários estabelecidos. Essas discrepâncias tornaram-se alvo de inspeção e fiscalização pela Polícia e Higiene das Intendências Municipais, que eram responsáveis por assegurar a conformidade das construções com as regulamentações vigentes. Ao propor medidas específicas para a construção e manutenção desses edifícios com funções distintas, a lei evidenciava a diversificação das atividades comerciais e residenciais na cidade de São Paulo.

O Código Sanitário estabeleceu diretrizes detalhadas para uma ampla gama de espaços urbanos, incluindo ruas e praças, construções habitacionais em geral, habitações coletivas, hotéis e pensões, habitações das classes populares, fábricas e oficinas, escolas, teatros, mercados, padarias, açougues e matadouros. Ao propor medidas específicas para a construção e manutenção desses edifícios com funções distintas, a lei evidencia uma diversificação nas atividades comerciais na cidade que estava em curso.

Essas regulamentações visavam não apenas à melhoria das condições de vida e saúde pública, mas também à organização e modernização do espaço urbano. Elas refletiam um esforço consciente do poder público em

---

[32] SÃO PAULO (Estado). Decreto nº 233, de 02 de março de 1894. Estabelece o Código Sanitário. *Diário Oficial*, São Paulo, 8 mar. 1894.

acompanhar o rápido crescimento populacional e as mudanças sociais e econômicas que estavam ocorrendo na época. Por exemplo, para as ruas e praças, o código determinava critérios para pavimentação, drenagem e iluminação, visando melhorar a circulação e reduzir o acúmulo de água e resíduos, frisavam que dentro do perímetro urbano não era permitido "conservar terrenos incultos, maltratados e servindo para depósitos de lixo", todas medidas objetivando o controle de doenças.

No *Cap*ítulo II - das habitações em geral, eram feitas recomendações sobre a ventilação adequada, a incidência de iluminação natural, o abastecimento de água e a instalação dos sistemas de esgotos. Além de normas pormenorizadas de como o solo deveria ser saneado antes da construção das casas e protegido da ação dos lençóis freáticos, não permitindo a infiltração de umidade. O Código determinou a especificações detalhadas sobre os materiais a serem utilizados nas estruturas, na hidráulica, no revestimento e no aparelho sanitário dos edifícios. Essas regulamentações estabeleciam padrões rigorosos para as moradias, visando garantir a salubridade:

> Artigo 46. As alcovas que se destinarem a dormitórios ou permanência constante dos moradores de um prédio devem ser proibidas em absoluto.
> Artigo 47. Não devem ser permitidos nas habitações os aposentos de dormir tendo menos de 14 metros cúbicos livres para cada indivíduo.
> Artigo 48. Todos os compartimentos deverão ter, sempre que for possível, aberturas para o exterior, dando para a rua, jardins ou pátios interiores, de modo a receberem luz direta difusa, não devendo ser admissível luz refletida senão excepcionalmente e em aposentos não destinados à permanência contínua dos habitantes ou a dormitórios.
> Artigo 49. Deverão ser afastados dos dormitórios os compartimentos destinados à instalação das cozinhas
> Artigo 50. - As cozinhas deverão ter o solo revestido de camada lisa e impermeável, devendo ser também impermeáveis as paredes até 1m50, pelo menos, acima do chão. Deverão ser bem ventiladas e convenientemente iluminadas.
> Artigo 51. - A bacia de águas servidas deverá ser feita com material impermeável de superfície lisa e sem guarnições de madeira.

Artigo 52. - Os encanamentos que esgotam estas bacias deverão ter sifão hidráulico interceptor, munido de ralo e caixa de graxa.
Artigo 53. - As chaminés de tiragem devem exceder 1,50m pelo menos os telhados das casas próximas.
Artigo 54. - Todos os edifícios e habitações deverão ter canalização especial de condução das águas pluviais diretamente para os esgotos ou sarjetas das ruas, nas localidades onde não houver esgotos, devendo ser proibido esgotamento das águas para as calçadas dos passeios.
Artigo 55. - As casas nunca deverão ter maior altura do que a largura das ruas, excepto quando ficarem fora do alinhamento das ruas, ou na hipótese de construção ou reconstrução em ruas estreitas e antigas[33].

Sobre as habitações coletivas, caracterizadas como habitações que comportavam "um grande número de indivíduos", a preocupação era mantê-las "fora da aglomeração urbana", conforme disposto no artigo 104. Essa medida refletia uma preocupação para transformar o centro da cidade alinhado com os ideais de modernidade e progresso urbano da época. Para garantir a salubridade das habitações coletivas, o Código estabeleceu diretrizes específicas que buscavam assegurar condições mínimas de higiene e saúde, propondo que deveriam "dispor de abundante abastecimento de água potável, proporcional ao número dos domiciliados", era imprescindível a presença de banheiros para os moradores para prevenir a propagação de doenças, com uma "latrina para cada grupo de 20 moradores". Visando evitar a disseminação de doenças contagiosas em ambientes de alta densidade populacional, "proibia nos alojamentos de qualquer natureza, a permanência de indivíduos afetados de moléstia transmissível" e determinava que os administradores desses espaços deveriam efetuar a remoção dos doentes e notificar imediatamente as autoridades assim que tivessem conhecimento da contaminação[34].

A passagem do Império para a República foi vista por muitos como um elemento crucial para a mudança nas legislações sobre as habitações. Lemos identifica que a partir de 1890 a legislação interferiu

---

[33] SÃO PAULO (Estado). Decreto nº 233, de 02 de março de 1894. Estabelece o Código Sanitário. *Diário Oficial*, São Paulo, 8 mar. 1894. p. 9605-9615.
[34] *Idem..*

no planejamento de novas residências e no uso, ou habitabilidade, das velhas construções do Império. Para ele:

> Durante todo o nosso tempo de sujeição a Portugal e mesmo na época do Império, a legislação voltada ao controle das edificações urbanas jamais teve a intenção de intervir nas condições de planejamento interno das residências. Era como se houvesse o máximo respeito às decisões pessoais ou ao direito de propriedade - cada um morasse como quisesse ou pudesse[35].

Apesar de indicar que a legislação não interferia no espaço interno das casas, relata que as plantas eram extremamente semelhantes, não havendo muita distinção na forma de morar entre ricos e pobres, variando apenas a quantidade de cômodos. Isso se dava em decorrência das poucas técnicas construtivas disponíveis no período e das edificações geminadas.

Entretanto, constata-se que a preocupação com a insalubridade das construções urbanas e das cidades não foi exclusivamente pensada após a proclamação da República e o Código Sanitário de 1894, uma vez que o Código de Posturas já propunha algumas medidas sanitárias, já abordadas aqui. Essas regras ofereceram embasamento para alguns historiadores afirmarem que a política sanitária que normatizava as habitações começou nas últimas décadas do Império, com os salubristas da Corte, e não apenas após 1889. Apesar de criticar esse marco, Campos destaca que havia uma grande diferença entre Império e República na questão administrativa. Durante o Império, a administração dependia das decisões de um governo central, que muitas vezes não possuía recursos financeiros suficientes para fiscalizar efetivamente as providências emanadas dos Códigos de Posturas. A falta de uma fiscalização eficiente resultava em uma aplicação desigual e inconsistente das regulamentações sanitárias, comprometendo a eficácia das medidas propostas[36].

Com a República, a descentralização administrativa permitiu mais autonomia dos governos locais na implementação de políticas públicas, incluindo as sanitárias. Essa mudança administrativa foi significativa para a implementação das políticas de saúde pública, possibilitando um controle mais eficiente sobre as condições sanitárias das habitações. Conforme mencionado, a Lei n.º 240, de 4 de setembro de 1893, ao reorganizar

---

[35] LEMOS, 1999, p. 13-14.
[36] CAMPOS, 2008.

o Serviço Sanitário, criou a Seção de Estatística Demógrafo-sanitária responsável pela publicação de boletins sobre a mortalidade no estado.

Os boletins mensais de Estatística Demógrafo-sanitária sobre a capital traziam dados sobre as moléstias e os óbitos na capital divididos por seus distritos urbanos (Norte da Sé, Sul da Sé, Consolação Santa Ifigênia e Brás) e suburbanos (Santana, Penha de França, São Miguel e Nossa Senhora do Ó). As informações ajudam a traçar um perfil sobre como as doenças se disseminavam pela cidade, chamando atenção ao fato de que a maior parte das doenças contagiosas, como a tuberculose, estavam concentradas nas áreas urbanas. No mês de abril de 1894, o boletim ressaltou que das dez mortes por febre amarela, cinco ocorreram no Hospital de Isolamento do Cambuci, e outras cinco em domicílios, que passaram por um processo de desinfecção após a retirada dos corpos. Os autores do boletim também enfatizavam a importância da notificação dos casos de contaminação à Diretoria de Higiene, postulando que essa era a medida profilática "mais aconselhada"[37].

No boletim seguinte, de maio 1894, foram frisadas as melhores "condições de salubridade e higiene desta capital", reforçando que no mês ocorreram 337 óbitos, ao passo que no ano anterior havia sido computado 537 mortes. O relato relembra a epidemia de tifo na Santa Ifigênia, e que estabelecida a comparação:

> [...] só temos motivos para considerarmos as mais satisfatórias as nossas atuais condições de salubridade, e também bendizermos as grandes obras de saneamento realizadas nesta freguesia, as quais não se pode deixar de atribuir, em grande parte, os resultados que a estatística vem hoje tornar evidentes[38].

Assim, ainda que indiretamente, reforçava os impactos da nova legislação sanitária no espaço antes objeto do relatório de inspeção sanitária, a Santa Ifigênia.

À guisa de conclusão, pensar na efeméride de 130 anos da implementação do Código Sanitário de 1894 implica trazer à tona a importância da tentativa de uma melhoria de condições sanitárias, de regulamentação de

---

[37] BOLETIM MENSAL DE ESTATÍSTICA DEMOGRAFO-SANITÁRIA: da capital e distritos suburbanos. São Paulo: Directoria do Serviço Sanitário, v. 1, n. 4, p. 100-140, abril 1894.
[38] BOLETIM MENSAL DE ESTATÍSTICA DEMOGRAFO-SANITÁRIA: da capital e distritos suburbanos. São Paulo: Directoria do Serviço Sanitário, v. 1, n. 5, p. 144-192, maio, 1894. p. 177.

atividades que impactavam a saúde pública. O Código Sanitário representou um marco significativo na tentativa de organizar o crescimento urbano de São Paulo, estabelecendo diretrizes para a construção de habitações, a criação de mecanismos de fiscalização e inspeção e a prevenção e profilaxia de doenças. A introdução dessas regulamentações visou também criar uma imagem de modernidade para uma cidade em rápido crescimento demográfico e econômico. No entanto, a eficácia dessas medidas foi limitada pela complexidade de fiscalização em uma cidade em rápida transformação e pelas tensões entre o interesse público e privado na promoção das habitações coletivas, uma vez que os proprietários lucravam com essas soluções.

Referências

BLAY, Eva Alterman. *Eu não tenho onde morar: vilas operárias em São Paulo*. São Paulo: Nobel, 1985.

BOLETIM MENSAL DE ESTATÍSTICA DEMOGRAFO-SANITÁRIA: da capital e distritos suburbanos. São Paulo: Directoria do Serviço Sanitário, v. 1, n. 4, p. 100-140, abril 1894.

BOLETIM MENSAL DE ESTATÍSTICA DEMOGRAFO-SANITÁRIA: da capital e distritos suburbanos. São Paulo: Directoria do Serviço Sanitário, v. 1, n. 5, p. 144-192, maio 1894.

BONDUKI, Nabil. *Origens da habitação social no Brasil*. 4. ed. São Paulo: FAESP; Editorial Liberdade, 2004.

BOOTH, Charles. *Life and Labour of the People in London*. London: Macmillan, 1902-1903.

BORIN, Monique Felix. A contribuição de Theodoro Sampaio ao relatório dos cortiços de Santa Ifigênia: saneamento e urbanismo na trajetória de um engenheiro. *Risco Revista de Pesquisa em Arquitetura e Urbanismo* (Online), v. 14, n. 1, p. 49-57, 2016.

BRESCIANI, Maria Stella Martins. *Da cidade e do urbano*: experiências, sensibilidades, projetos. São Paulo: Alameda, 2018.

BRESCIANI, Maria Stella Martins. A cidade e o urbano: experiências, sensibilidades, projetos. *URBANA:* Revista Eletrônica do Centro Interdisciplinar de Estudos sobre a Cidade, Campinas, SP, v. 6, n. 1, p. 63-94, 2014.

CALABI, Donatella. *História do Urbanismo Europeu:* questões, instrumentos, casos exemplares. São Paulo: Perspectiva, 2015.

CAMPOS, Eudes. Casas e vilas operárias paulistanas. *Informativo Arquivo Histórico Municipal*, v. 4, n. 19, jul./ago. 2008.

CENTRO DE MEMÓRIA DA CÂMARA MUNICIPAL DE SÃO PAULO. *Anais da Câmara Municipal de São Paulo.* 33º Sessão Ordinária de 1 junho de 1893.

CENTRO DE MEMÓRIA DA CÂMARA MUNICIPAL DE SÃO PAULO. *Anais da Câmara Municipal de São Paulo.* 12º Termo de Comparecimento de 8 julho de 1893.

CENTRO DE MEMÓRIA DA CÂMARA MUNICIPAL DE SÃO PAULO. *Anais da Câmara Municipal de São Paulo.* 40º Sessão Ordinária de 26 de setembro de 1893.

CORDEIRO, Simone Lucena (org.). *Os cortiços de Santa Ifigênia:* sanitarismo e urbanização (1893). São Paulo: Imprensa Oficial do Estado de São Paulo, 2010.

EDITAIS - vacas de leite. *A Nação*, 6 ago. 1897.

ENGELS, Friedrich. *A situação da classe trabalhadora na Inglaterra.* São Paulo: Boitempo, 2010.

LEMOS, Carlos. *A república ensina a morar (melhor).* São Paulo: Hucitec, 1999.

PESAVENTO, Sandra Jatahy. "Cortiço". *In:* BRESCIANI, Maria Stella Martins et al. *A aventura das palavras da cidade:* através dos tempos, das línguas e das sociedades. São Paulo: Romano Guerra, 2014. p. 281-288.

PICCINI, Andrea. *Cortiç*os na cidade: conceito e preconceito na reestruturação do centro urbano de São Paulo. 2. ed. São Paulo: Annablume, 2004.

PINHEIRO, Paulo Sérgio; HALL, Michael M. A *Classe Operária no Brasil (1889–1930):* Condições de vida e de trabalho, relações com os empresários e o Estado. São Paulo: Brasiliense, 1981.

PINTO, Alfredo Moreira. *A cidade de São Paulo em 1900.* São Paulo: Governo do Estado, 1979.

REIS, Philippe Arthur dos. Colocando o pingo no I: revisitando os cortiços de Santa Ifigênia. Novas perguntas para um velho objeto. *Revista de fontes*, Guarulhos, SP, v. 9, n. 16, jul. 2022.

RIBEIRO, Maria Alice Rosa. *História sem fim:* inventário da saúde pública. São Paulo: Editora Universidade Estadual Paulista, 1993.

RIIS, Jacob A. *How the Other Half Lives*: Studies among the Tenements of New York. Nova Iorque: Charles Scribner's Sons, 1890.

ROLNIK, Raquel. De como São Paulo virou a capital da capital. *In:* VALLADARES, Licia do Prado (org.). Repensando a habitação no Brasil. Rio de Janeiro: Zahar, 1982.

SÃO PAULO (Estado). *Lei nº 12, de 28 de outubro de 1891.* Organiza o Serviço Sanitário do Estado de São Paulo. São Paulo: Câmara Municipal, 1891.

SÃO PAULO (Estado). *Lei nº 43, de 18 de julho de 1892.* Organiza o Serviço Sanitário do Estado de São Paulo. São Paulo: Câmara Municipal, 1892.

SÃO PAULO (Estado). *Lei nº 240, de 04 de setembro de 1893.* Reorganiza o serviço sanitário do Estado de São Paulo. São Paulo: Câmara Municipal, 1893.

SÃO PAULO (Estado). Decreto nº 233, de 02 de março de 1894. Estabelece o Código Sanitário. *Diário Oficial.* São Paulo, 8 mar. 1894.

SÃO PAULO (Município). *Lei nº 315,* de 14 de agosto de 1897. Autoriza o contrato com Guilherme M. Rudge para construção de Vilas Operárias. São Paulo: Câmara Municipal, 1897.

SÃO PAULO (Município). Lei nº 589, de 01 de setembro de 1898. Declara nula e sem efeito a lei nº 315, de 14 de agosto de 1897, na parte relativa à concessão de terrenos municipais à Guilherme Maxwell Rudge. *Diário Oficial*, 10 de setembro de 1898.

CAPÍTULO 2

AS LENTES DE AURÉLIO BECHERINI E A CIDADE EM TRANSFORMAÇÃO: HISTÓRIA E MEMÓRIA

Renata de Oliveira Carreto
Heloisa de Faria Cruz

Como propõe Modernad, a partir de sua invenção no século XIX, a fotografia "transforma nossa visão de mundo", e como novo instrumento visual "é logo investido de uma missão científica, documentária, arqueológica e histórica"[39]. Segundo Walter Benjamin, a fotografia é um meio de registro das imagens que está vinculado ao desenvolvimento da técnica e da tecnologia, o que por sua vez só se massificou/popularizou justamente por conta de uma nova sensibilidade urbana, produto da sociedade que só cresce[40]. A referência que Benjamin tece acerca do cinema também pode ser igualmente atribuída à fotografia ao afirmar que: "O filme serve para exercitar o homem nas novas percepções e reações exigidas por um aparelho técnico cujo papel cresce cada vez mais em sua vida cotidiana. Fazer do gigantesco aparelho técnico do nosso tempo o objeto das inervações humanas [...]"[41].

Contemporânea da cidade moderna, a fotografia segue a trajetória dos ideais de progresso que se projetam nos processos de industrialização e urbanização do mundo ocidental. E os fotógrafos emergem como novos personagens históricos, que acompanham os processos de transformações dos espaços urbanos e propõem novas maneiras de ver as cidades.

Como indica Monteiro, "Ao redor de 1860, as vistas esteroscópicas e depois, ao redor de 1900, os cartões-postais difundiram de forma maciça imagens das principais capitais europeias e também as do novo mundo"[42].

---

[39] MODERNAD, Anne de. A emergência de um novo olhar sobre a cidade: as fotografias urbanas de 1870 a 1918. *Revista Projeto História*, São Paulo, maio 1999. p. 1.

[40] BENJAMIN, Walter. *Obras Escolhidas III (Charles Baudelaire um lírico no auge no capitalismo)*. São Paulo: Brasiliense, 1997.

[41] BENJAMIN, 1997, p. 174.

[42] MONTEIRO, Charles. Cidade e Fotografia: imagens de Porto Alegre nos anos 1970 e 80. *In:* MATOS, Maria Izilda Santos *et al.* (org.). *Cidades:* Representações, Experiências e Memórias. São Paulo: Olho d'Água, 2017. p. 81.

Os fotógrafos são chamados a documentar as mudanças trazidas pelas reformas urbanas que transformam as cidades da Europa (Londres e Paris, por exemplo), bem como as cidades do novo continente, dentre as quais estão Nova York, Chicago, México e Buenos Aires — assim como o Rio de Janeiro e São Paulo.

Portanto, discorrer sobre os vários fotógrafos, em especial aqueles que registraram os espaços urbanos, é também colocar em pauta a produção da visualidade existente nos processos de modernização experimentado por muitas das cidades brasileiras entre o final do século XIX e primeiras décadas do século XX.

O final do século XIX marca a imediata presença da fotografia no país. De início restrita a certos círculos, para logo mais tornar-se uma febre em todas as classes, graças à massiva introdução dos retratos — o *carte de visite*. De origem francesa, surgido em meados do século XIX, esse gênero fotográfico revolucionou a produção de imagens por conta da agilidade em sua reprodução, isto é, rapidez em captar a imagem e na revelação — tudo isso devido à técnica do colódio úmido, aplicado em placa de vidro, com impressão em papel albuminado.

O formato de cartão-postal era o mais apreciado, especialmente pelos casais e famílias de imigrantes, que, vestidos em suas melhores roupas, enviavam a foto aos familiares na Europa. Fato é que o retrato fotográfico foi bastante disseminado, caindo no gosto popular por ser, inclusive, mais acessível tanto no preço quanto na disponibilidade do profissional. Além dos fotógrafos de estúdio, havia os fotógrafos ambulantes de lambe-lambe[43], que circulavam pelas ruas, praças e jardins à espera dos clientes.

Aliás, no que diz respeito à cidade de São Paulo, muitos são os fotógrafos que atuaram na época e cujo trabalho é notável, relevante. O italiano Aurélio Becherini foi um desses profissionais que ajudam a compor a visualidade da São Paulo em transformação.

Militão Augusto de Azevedo é, provavelmente, o mais conhecido e aquele que deu início a um amplo e variado registro documental da cidade de São Paulo, a partir de meados do século XIX. Há também Vincenzo Pastore, um ítalo-brasileiro que, com seu estúdio de fotografia na cidade,

---

[43] O equipamento tinha o formato de uma caixa sustentada por um tripé e em seu interior estavam acoplados a câmera fotográfica e um pequeno laboratório de revelação. A origem do apelido lambe-lambe se dá por conta de o profissional lamber a placa de vidro (negativo) para determinar o lado onde seria aplicada a emulsão fotográfica (N. do A.).

registrou os mais diversos personagens que ali viviam e circulavam, com especial atenção aos tipos que não são considerados os protagonistas na evolução da São Paulo daquele período.

Outro nome importante é Valério Vieira, que começou a carreira como pintor, tendo cursado a Academia Nacional de Belas Artes, no Rio de Janeiro, e que, por fim, fez-se fotógrafo em São Paulo, tornando-se notório pelo uso de técnicas inovadoras e criativas quanto à reprodução das imagens. O alemão Theodor Preising, naturalizado brasileiro, foi responsável por eternizar as paisagens urbanas da cidade em cartões postais.

E a quase desconhecida Gioconda Rizzo, filha de Michele Rizzo, proprietário de um ateliê de fotografia no centro da cidade que, mesmo contrariado, empregou a filha para fotografar apenas mulheres e crianças, visto que a jovem tinha muita inclinação para o ofício. É dela a fotografia da família Gattai, eternizada na capa da 1ª edição do livro *Anarquistas, graças a Deus*, escrito por Zélia Gattai. Gioconda foi a primeira mulher a abrir um estúdio fotográfico na cidade de São Paulo, por volta de 1914.

Constituindo um dos principais meios de expressão e informação, e em consonância com os novos tempos, a efervescente imprensa paulistana acompanha a renovação dessa visualidade com os investimentos na área gráfica e editorial, o que permitiu uma gama de recursos gráficos, dentre eles a fotografia. Segundo Tadeu Chiarelli, "em pouco tempo esta nova tecnologia de produção/reprodução de imagens vai ocupar os espaços antes preenchidos pela imagem xilográfica e pela gravura em metal e, ao mesmo tempo, criar outras necessidades para seu uso"[44].

Na área central de São Paulo, no Triângulo (espaço ora formado pelas ruas Direita, XV de Novembro e São Bento), ficava concentrada a maior parte dos fotógrafos e seus estúdios. Destaca-se o predomínio dos fotógrafos retratistas, que, como já foi dito anteriormente, encontraram nesse campo uma farta e ávida clientela.

Todavia, dentre esses profissionais havia aqueles que, como Becherini, buscaram diversificar a atividade, conciliando a produção de retratos com outros trabalhos — por iniciativa própria ou sob encomenda, seja para o poder público como também no campo privado (eventos sociais, por exemplo). Essa busca em transitar por outros círculos, que

---

[44] CHIARELLI, Tadeu. História da arte / história da fotografia no Brasil - século XIX: algumas considerações. *ARS*, São Paulo, v. 3, n. 6, p. 78-87, 2005. Disponível em: https://www.revistas.usp.br/ars/article/view/2943. Acesso em: 18 set. 2024. p. 82.

não apenas o trabalho em estúdio, possibilitou que os fotógrafos ampliassem o repertório temático. Muitos se dedicaram a fotografar paisagens naturais, rurais, urbanas e arquitetônicas.

Os jornais e as revistas ilustradas passaram a mobilizar e demandar o emprego de imagens por suas páginas. Os periódicos do período imperial, de mote basicamente político, cederam lugar às novas práticas jornalísticas de temáticas afinadas com o momento: folhas fartamente ilustradas, com seções de entretenimento, colunismo social, crônicas, críticas de literatura, arte e música. Isso sem contar a imprensa de linhas editoriais distintas, tais como os periódicos voltados às comunidades étnicas, aos operários, ao público feminino. É relevante observar que essas pequenas publicações contribuíram para popularizar a informação e alcançaram sucesso junto ao público.

> A imprensa periódica vira moda e transforma-se no principal produto da cultura impressa e o periodismo emerge como um importante espaço de renovação da cultura letrada. Mais ainda, no ambiente da metrópole em formação, a imprensa periódica apresenta-se como foco fundamental de formulação, discussão e articulação de concepções, processos e práticas culturais e de difusão de seus projetos e produtos. A pequena imprensa de folhas e revistas aproxima o jornalismo cotidiano da vida urbana[45].

A concorrência entre os profissionais era grande, uma vez que quanto mais visibilidade, maior era a garantia de certa importância no trabalho e, consequentemente, na remuneração. Sendo assim, era fundamental ao fotógrafo possuir atributos que o evidenciasse diante dos outros. A técnica, o controle do manejo operacional e, sobretudo, uma marca autoral única contavam a favor.

Como indicado anteriormente, é nesse contexto que Aurélio Becherini, italiano que emigrou para o Brasil por volta de 1900, fixando-se em São Paulo, inicia sua trajetória como fotógrafo. Sua produção fotográfica está estritamente vinculada às transformações ocorridas na cidade naquele período.

A São Paulo que se quer moderna

Jorge Americano, em seu livro *São Paulo naquele tempo (1895-1915)*, conta como foi a noite de inauguração do Teatro Municipal, em setembro de 1911. O evento foi fartamente noticiado pela imprensa da época e muito

---

[45] CRUZ, Heloisa de Faria. *São Paulo em papel e tinta:* periodismo e vida urbana – 1890-1915. São Paulo: EDUC, 2000. p. 71.

celebrado pela população. O texto (uma pequena crônica, na realidade) é curioso porque além de mostrar a movimentação pela ocasião, deixa evidente algumas regras de conduta — devidamente respeitadas, diga-se — e uma certa rigidez nos padrões de comportamento[46].

> Chegou a noite da inauguração, com Tita Rufo[47]. Tínhamos encomendado o "laudau" para às oito e meia. [...] Quando fomos entrando pela Rua Barão de Itapetininga, tudo parou. Os carros chegavam ao Municipal por tôdas as direções. [...] Atingimos a Praça da República às 8,30 e o Municipal às 10,15, no começo do segundo ato. Mas ninguém teve a iniciativa de descer e seguir a pé. Seria escandaloso. [...] No segundo intervalo passeava-se no "foyer". Os homens de cartola na cabeça, embora dentro de casa. [...] Tudo como em Londres ou Paris, vejam-se os quadros de Renoir, do fim do século[48].

O relato dessa memória é uma boa representação dos comportamentos sociais que predominavam na cidade de São Paulo desde o final do século XIX e que se intensificam no início do século XX. O vilarejo colonial ia, cada vez mais, cedendo espaço à construção da metrópole emergente. Transformações de toda a ordem aconteciam na cidade proporcionadas pelo café, cujo cultivo do grão impulsionou economicamente o estado e o país.

São Paulo ganha projeção econômica e política no cenário nacional, logo, era preciso deixar a capital do estado, cuja elite cafeeira havia se instalado, à altura dessa nova condição. O local tornou-se o centro de um grande projeto de remodelação, com planos urbanísticos que acarretariam mudanças profundas. O propósito estava em justamente alterar o perfil da cidade, determinando, assim, novas regras de convivência e aproveitamento do espaço público.

A foto de Becherini reproduzida a seguir é contemporânea desse momento em que, com a inauguração do Teatro Municipal, em 1911, as elites paulistanas ganharam seu espaço mais nobre de sociabilidade. A própria descrição elaborada por Benedito Junqueira Duarte — que em 1935 tornou-se responsável pela recém-criada Seção de Iconografia do

---

[46] O paulistano Jorge Americano (1891–1969) foi advogado, deputado, professor e escritor. O título da crônica mencionada é "Inauguração do Teatro Municipal (1911)" (AMERICANO, Jorge. *São Paulo naquele tempo (1895-1915)*. São Paulo: Saraiva, 1957).

[47] Titta Ruffo (1877–1953) foi um barítono italiano considerado uma das melhores vozes de ópera do início do século XX (N. do A.).

[48] AMERICANO, 1957, p. 329-30.

Departamento de Cultura do Município de São Paulo — sugere a visibilidade que o fotógrafo quer imprimir à transformação daquele espaço. Segundo a descrição de Duarte sobre a fotografia, à esquerda situa-se

> [...] o início da rua Barão de Itapetininga e a esquina da Cons. Crispiniano. À direita a escadaria do Teatro Municipal e, em 1º plano o início da Alameda que dá acesso ao Parque Anhangabaú. A Praça fronteira ao Teatro Municipal foi denominada Praça Ramos de Azevedo. A Rua Barão de Itapetininga foi aberta nos terrenos da chácara do Cadete de Santos, o Barão de Itapetininga, que abrangia vasta área do terreno desde o vale do Anhangabaú, onde hoje está o parque com o mesmo nome, até a Praça da República, incluindo as ruas Xavier de Toledo, Cons. Crispiniano, Dom José de Barros e 24 de Maio, também abertas nessa mesma época[49].

Figura 1 – Foto: Aurélio Becherini. Praça Ramos de Azevedo (c.1912)

Fonte: Acervo Fotográfico da Cidade de São Paulo

---

[49] Trecho da descrição de B. J. Duarte, elaborada em 1942, na ocasião da organização e catalogação das fotografias de Aurélio Becherini / Museu da Cidade de São Paulo | Solar da Marquesa.

O ritmo da metropolização que se impunha em São Paulo nas décadas iniciais do século XX é intenso, segundo Nicolau Sevcenko. A palavra "moderno" se instala, gerando uma espécie de culto, uma idolatria ao progresso e aos ideais de modernização. O período é marcado pelo desenvolvimento tecnológico, seus avanços e aplicações, a expansão da economia industrial e a produção em grande escala:

> Estimuladas sobretudo por um novo dinamismo no contexto da economia internacional, essas mudanças irão afetar desde a ordem e as hierarquias sociais até as noções de tempo e espaço das pessoas, seus modos de perceber os objetos ao seu redor, de reagir aos estímulos luminosos, a maneira de organizar suas afeições e de sentir a proximidade ou o alheamento de outros seres humanos. De fato, nunca em nenhum período anterior, tantas pessoas foram envolvidas de modo tão completo e tão rápido num processo dramático de transformação de seus hábitos cotidianos, suas convicções, seus modos de percepção e até seus reflexos instintivos. Isso não apenas no Brasil, mas no mundo tomado agora como um todo integrado[50].

A "boa" sociedade paulista, sedenta por modelos de prestígio, aspirava legitimar-se como "frente avançada da cultura europeia no novo mundo"[51], daí a necessidade de "modernizar" a cidade.

Todavia, esse processo de "regeneração" do espaço, como também do modo de vida, não se deu uniformemente, de maneira homogênea e regular. Ora, apesar do novo tempo que se sobrepunha, havia em São Paulo, de sobremaneira, a presença incontestável do passado colonial e escravocrata — seja na arquitetura, nos hábitos e nas relações.

> Ficava cada vez mais distante o modo de viver de origem colonial. Mas o passado ainda se fazia presente na arquitetura do centro velho, nos modos de se portar, nos hábitos e atitudes que se manifestavam nas ruas e nas casas. Não se tratava apenas de uma sobrevivência: as diferenças culturais e de tempos históricos eram contemporâneas e se misturavam no mesmo espaço. O antigo e o estrangeiro se reproduziam no interior das novas relações como meio

---
[50] SEVCENKO, Nicolau. *Orfeu extático na metrópole*. São Paulo: Companhia das Letras, 1992. p. 7-8.
[51] CAMARGOS, Márcia. *Villa Kyral* – crônica da Belle Époque paulistana. São Paulo: Senac, 2001. p. 27.

de sobrevivência dos grupos, ao mesmo tempo em que velhos padrões eram mobilizados como meios de fazer o novo existir[52].

A cidade começa a se expandir a partir do Triângulo (local que naquele momento estava circunscrito entre as igrejas de São Bento, São Francisco e do Carmo), arredores e já ultrapassando o Vale do Anhangabaú, o que marca o fim de uma certa coexistência social, na qual grupos sociais distintos viviam/conviviam na mesma região, sem limites rigidamente estabelecidos, demarcados.

A nova feição que a capital do estado pretendia assumir deveria esconder, e até mesmo eliminar, qualquer traço colonial que ainda existisse nas ruas, nas casas e nos costumes. A ordem do dia era eliminar tudo aquilo que um dia fora símbolo do passado arcaico e atrasado, fazendo surgir uma nova estrutura urbana, moderna e civilizada.

Desse ponto, é sugestiva a observação do prof. Benedito Lima de Toledo ao resumir a atmosfera da época — e que, de certa forma, mantém-se presente até hoje. Segundo ele, em seu livro *São Paulo: três cidades em um século*, "ao contrário de cidades onde podemos fazer a 'leitura' de sua história nos edifícios, o crescimento de São Paulo se deu com o sacrifício de seu passado. Perdularmente, ao invés de se construir 'ao lado', construiu-se 'em cima'"[53].

E qual foi o impacto na vida de homens e mulheres que, com a transformação da cidade, passariam a ter novas experiências do viver? E não só para aqueles afortunados, que usufruíam do privilégio econômico/social e, portanto, favoráveis a acolher as mudanças que aconteciam a todo vapor. A pergunta se estende à leva de preteridos; quer dizer, e a população preta ex-escravizada, os pobres, os mestiços, os imigrantes, entre outros? Uma imensa parte das pessoas, igualmente habitantes da cidade e agentes transformadores do processo em andamento, que, por diversas razões, compunham a camada mais desfavorecida e, ao mesmo tempo, tão heterogênea da população. E que com a urbanização e embelezamento da cidade eram cada vez mais empurrados para os arrabaldes e subúrbios.

---

[52] ERNICA, Maurício. Uma metrópole multicultural na terra paulista. *In*: SETUBAL, Maria Alice (coord.). *A Formação do Estado de São Paulo, seus habitantes e os usos da terra – vol.1*. São Paulo: Imprensa Oficial, 2004. p. 173.

[53] TOLEDO, Benedito Lima. *São Paulo: três cidades em um século*. São Paulo: Cosac Naify, 2004. p. 174.

O fotógrafo e suas fotos

De acordo com Angela Célia Garcia[54], sabe-se pouco a respeito da vida do fotógrafo. Os dados apanhados por ela foram adquiridos por meio de depoimentos e ocasionais artigos da imprensa. Entretanto, a insuficiência de informações não ofusca a relevância da contribuição profissional de Aurélio Becherini ao panorama da fotografia brasileira.

O nascimento do fotógrafo acontece numa Itália recém-unificada — ou melhor dizendo, caminhando para o final de um movimentado e disputado processo de reunificação de seus territórios —, com problemas políticos e sociais marcados pelas diferenças regionais de séculos. A região sul, predominantemente agrária e pobre, contrastava com o norte, que se desenvolvia industrialmente e enriquecia.

A ambivalência dessa situação acarretou sérios contratempos de ordem econômica, levando trabalhadores a abandonar o campo, a fim de buscar trabalho na indústria, que, por sua vez, não conseguia absorver todo esse contingente, resultando, assim, em mais dificuldades e pobreza. Isso explica a leva de imigrantes italianos que chegaram ao Brasil na época, fugindo da crise de empregos na Itália e que vinham motivados por oportunidades de ganho financeiro e uma nova vida. Tal motivação encaixou-se perfeitamente com o plano dos ricos agricultores brasileiros, visto que, com o fim da escravidão, optaram por reabastecer suas lavouras com trabalhadores europeus. E, claro: junta-se ao caldo o "ideal racial" que, com suas teorias, justificava o projeto de embranquecimento da população brasileira.

No relato da neta, Araceli Becherini, à Garcia, consta que ele nasceu em um vilarejo na região da Toscana, em junho de 1879. Órfão de mãe, passou parte da infância com o pai, um jogador contumaz, que numa certa ocasião perdeu todos os bens da família numa aposta em mesa de jogo. Essa situação trouxe uma profunda mudança na vida de Aurélio, que com a perda da guarda paterna, passou a viver, de forma tutelada, com uma família de gregos que morava na Itália. E foi com eles que o jovem deu os primeiros passos na fotografia, aprendendo as técnicas, conhecendo os aparatos da época. Depois dos gregos, Aurélio foi viver nos arredores de Roma com uma família italiana, donos de uma panificadora.

---

[54] É de Angela C. Garcia a única pesquisa acadêmica existente, até o presente momento (2024), que discorre unicamente sobre Aurélio Becherini: GARCIA, Angela C. *São Paulo em prata*: a capital paulista nas fotografias de Aurélio Becherini (anos 1910-20). 2008. Dissertação (Mestrado em Arquitetura e Urbanismo) – Faculdade de Arquitetura e Urbanismo, Universidade de São Paulo, São Paulo, 2008.

O jovem, por fim, seguiu a rota de tantos conterrâneos. Afinal, o que prendia Becherini à Itália? Os laços familiares há muito foram rompidos, o ambiente em seu país tampouco o favorecia, longe disso. Naquele momento, imigrar para um país tão longe e desconhecido, com promessas de uma vida melhor e com infinitas possibilidades, certamente entusiasmou o rapaz.

É bem possível levar essa premissa em consideração, uma vez que Becherini embarca para o Brasil no início do ano de 1900. Sem nenhuma documentação própria, uma família se compadece de sua situação e o acolhe como parte do grupo familiar. Prova disso é que não há entre os documentos do órgão de imigração a confirmação da entrada do jovem no país. O consentimento para a estadia no Brasil aconteceu por meio de uma família que o tutelou (assim como antes em sua vida) durante a viagem.

Curiosamente, as informações sobre quem eram essas pessoas são inexistentes; nada, ainda de acordo com Garcia[55], sabe-se a respeito deles. A única informação repassada pela neta Araceli, e de conhecimento da família Becherini, é que foram justamente eles que, já instalados na cidade de São Paulo, presentearam o jovem com uma máquina fotográfica.

A mesma ambiguidade/contradição presente na Itália deixada por Becherini também, de certa forma, está presente na São Paulo daquele momento. Aqui, em breve os imigrantes se dariam conta de que passariam por situações muito similares àquelas da terra natal. Em outras palavras, tal situação só privilegiava um determinado grupo, cuja satisfação dos interesses dependia da força de trabalho de um outro grupo social (não só os imigrantes, inclusive), que não gozaria da mesma sorte em desfrutar das vantagens da sociedade que se pretendia "moderna". Eis aí o cenário que Aurélio Becherini estava inserido.

A máquina que lhe fora presenteada, mais os conhecimentos técnicos sobre fotografia adquiridos enquanto estava na Itália, decerto despertaram no jovem o caminho a seguir. Torna-se, num primeiro momento, fotógrafo de lambe-lambe, cuja câmera vinha com um pequeno laboratório acoplado, o que permitia que as fotos fossem reveladas instantaneamente.

O trabalho com o lambe-lambe conferiu a Becherini uma certa liberdade para produzir imagens, além daquelas do ganha-pão. Percorrendo as ruas, o fotógrafo também registrou o cenário urbano e, provavelmente,

---

[55] GARCIA, 2008.

eram essas as imagens que ele oferecia, de maneira gratuita, às redações. Tal esforço foi reconhecido e seu trabalho passou a ser demandado. Tanto é que foi a partir de sua contribuição aos jornais e revistas que ele passou a transitar por outros círculos, na cobertura de eventos sociais e políticos, tão em voga no momento.

As primeiras fotos da cidade de São Paulo produzidas pelo fotógrafo, e das quais se têm acesso, datam de 1900 (ano em que chegou ao Brasil). Essas imagens iniciais percorrem o velho centro de São Paulo, como num exercício de reconhecimento, provavelmente com o propósito de se familiarizar com a cidade que escolheu viver.

Tido como pioneiro no ofício de fotojornalista, Aurélio Becherini iniciou sua carreira no *O Estado de S. Paulo*, a partir de 1911, colaborando, inicialmente, e como dito anteriormente, de forma gratuita. Consta também que Becherini contribuiu para diversas publicações, entre elas: *O Correio Paulistano*, *O Jornal do Commercio*, *A Cigarra*, *Vida Doméstica* e *Cri-Cri*. No entanto, vale ressaltar que à época não se dava o devido crédito de autoria aos fotógrafos que contribuíam com os jornais e revistas, o que impede que a autenticação/legitimação do trabalho seja, em muitos casos, efetiva.

Prova disso, por exemplo, é que há apenas oito fotografias de autoria certificada de Becherini para *O Estado de S. Paulo*, o que, de acordo com a pesquisa de Garcia, "pôde ser comprovada pelo cruzamento de dados com acervos que possuem fotografias que constam ter sido realizadas por ele"[56] — mesmo havendo evidências de que a contribuição dele para o jornal tenha sido bem maior. Infelizmente esse tipo de situação não está restrita apenas a Becherini, ao contrário. Era muito comum e certamente aconteceu com muitos de seus colegas fotógrafos.

Garcia destaca a atuação do fotógrafo para a Companhia de Obras Públicas, como também sua contratação pela administração municipal do prefeito Washington Luís (1914–1919), ocasião em que Becherini trabalha na edição do *Álbum Comparativo da Cidade de São Paulo (1862-1887-1914)* — originalmente produzido e publicado pelo fotógrafo Militão Augusto de Azevedo que, com um conjunto de imagens, retratou a cidade de São Paulo em dois momentos: primeiro em 1862 e depois em 1887, com o intuito de mostrar as transformações ocorridas na cidade, a partir dos mesmos lugares, em um espaço de 25 anos entre elas.

---

[56] GARCIA, 2008, p. 129.

O acervo fotográfico de Aurélio Becherini

As fotografias de Aurélio Becherini estão atualmente reunidas no Museu da Cidade de São Paulo / Solar da Marquesa de Santos[57]. Antes disso, o acervo esteve alocado no Departamento do Patrimônio Histórico de São Paulo (DHP-SP).

O local abriga um acervo fotográfico composto por registros da cidade a partir de 1860 e que são dispostos por coleções[58], cuja temática predominante é documentar as transformações ocorridas na cidade de São Paulo. A Coleção Departamento de Cultura, que acomoda um total de 20 mil imagens (subdivididas por séries), somada à Coleção Original / Fábio Prado, possui o conjunto de fotografias mais antigas e abrangentes (sob a custódia da esfera pública), formado em grande parte por registros urbanos da cidade de São Paulo, datadas a partir de meados do século XIX até o ano de 1971. E é nessa coleção que está a "Série Becherini", dedicada ao fotógrafo e seus filhos — os também fotógrafos Aristodemo e Henrique, proprietários de um estúdio fotográfico na cidade de São Paulo, considerado pioneiro em fotografia de publicidade. Desse acervo, 418 imagens são exclusivamente de Aurélio Becherini.

Cabe aqui uma observação pertinente sobre a quantidade de fotos do acervo: é razoável acreditar que o montante de imagens produzido pelo fotógrafo tenha sido superior a 418. Conforme Garcia, o acervo "[...] passou por irremediáveis infortúnios, como enchente que destruiu parte dos originais e roubo"[59]. Isso tudo já sob a tutela do poder público, mas e antes disso?

Além do mais, no que diz respeito à autoria das fotos, pode-se questionar e até mesmo colocar em dúvida as atribuições feitas a ele. Espera-se que mais e mais pesquisas sobre o fotógrafo e sua obra possam eximir tais incertezas.

Segundo consta, esse acervo teve seu início com o material cedido pelo próprio Aurélio Becherini, que além de ter doado os registros fotográficos de sua autoria, ofereceu também sua própria coleção de negativos de outros fotógrafos, tais como Militão Augusto de Azevedo, Guilherme Gaensly e Valério Vieira, entre outros. Tido como o núcleo original,

---

[57] Rua Roberto Simonsen, 136 – Sé. Ver mais em: https://www.museudacidade.prefeitura.sp.gov.br/.
[58] Coleção Original / Fábio Prado; Coleção Departamento de Cultura; Coleção Divisão de Iconografia e Museus (DIM); Coleção Museu da Cidade de São Paulo; Coleção Casa da Imagem.
[59] GARCIA, 2008, p. 19.

[...] é constituído por negativos de vidro em grande formato (18 x 24 cm). Parte expressiva desses registros, reunindo imagens de reprodução de originais do século XIX e fotografias originais, teve sua origem na ação do fotógrafo Aurélio Becherini (1879-1939). Contratado na administração municipal Washington Luís (1914-1919), Becherini organizou álbuns comparativos sobre a cidade de São Paulo a partir de imagens coletadas e da documentação de sua autoria. Esse conjunto documental concentra-se em sua totalidade na área central da cidade, cobrindo os Centros Velho e Novo[60].

O Departamento de Cultura do Município de São Paulo foi formado em 1935, a partir da iniciativa do então prefeito da cidade Fábio da Silva Prado (1934–1938), e sob a direção do escritor Mário de Andrade. Dentre os muitos propósitos do Departamento, Andrade dedicou especial atenção à criação da Seção de Iconografia. O jovem Benedito Junqueira Duarte — irmão de Paulo Duarte, assessor jurídico do prefeito Fábio Prado —, como já foi dito, tornou-se responsável por organizar e estruturar a recém-criada seção.

De acordo com Duarte, em depoimento ao MIS-SP[61], sua experiência como fotógrafo foi determinante para a recuperação e catalogação do acervo de Aurélio Becherini, recentemente adquirido pela gestão municipal[62]. O jovem não só criou um sistema de arquivamento, como também gerou uma documentação com informações acerca de cada foto (tal como: técnica; logradouro; paisagem urbana e/ou rural), além disso, e o mais importante, Duarte datou os registros fotográficos. Graças a ele, deu-se aí a origem do núcleo original iconográfico do Departamento de Cultura, que garantiu a memória fotográfica da cidade de São Paulo até os dias de hoje. E principalmente: o minucioso trabalho de Duarte serviu como base e exemplo para o desenvolvimento de novas formas de categorização do arquivo de registros fotográficos em posse da Secretaria de Cultura de São Paulo.

---

[60] ARQUIVO HISTÓRICO MUNICIPAL. Acervos fotográficos no âmbito da Secretaria Municipal de Cultura. *Informativo – Arquivo Histórico Municipal*, São Paulo, ano 4, n. 22, jan./fev. 2009. Disponível em: http://www.arquiamigos.org.br/info/info22/i-estudos.htm. Acesso em: 18 set. 2024.

[61] MUSEU DA IMAGEM E DO SOM DE SÃO PAULO – MIS-SP. *Entrevista do fotógrafo B. J. Duarte parte 1/3* at. São Paulo: Museu da Imagem e do Som, 1981. Disponível em: https://acervo.mis-sp.org.br/audio/entrevista-do-fotografo-b-j-duarte-parte-13. Acesso em: 18 set. 2024.

[62] FERNANDES JR., Rubens. B.J. Duarte Invenção e modernidade na fotografia documental. *Portal Intercom*, 2008. Disponível em: http://www.intercom.org.br/papers/nacionais/2008/resumos/R3-0864-1.pdf. Acesso em: 18 set. 2024.

E apesar do pífio investimento público dirigido à área da cultura e da pouca importância que se dá a elementos que contam a história da cidade, e que muito contribuem ao desenvolvimento de pesquisas, o acervo resiste[63].

A leitura das fotos: história e memória

A operação historiográfica, como alerta Certeau[64], assim como vários outros teóricos, é tributária do diálogo sistemático e controlado com os documentos. Na oficina de pesquisa, a análise histórica da fotografia impõe vários desafios metodológicos.

Na fotografia, a partir de um instante preciso, escolhido e eternizado pelo fotógrafo, tem-se o fragmento expressivo de uma realidade própria, cuja primeira e despretensiosa análise intercala memória e elementos descritivos banais e conhecidos, ou seja, remete-se para aquilo que, de maneira simples e aleatória, consegue-se decifrar por meio de seu conteúdo.

Já para o pesquisador, o que importa está além dessa primeira vista (ou realidade); interessa-lhe o "extraquadro", a soma dos elementos constitutivos da imagem.

> O estudo das fontes fotográficas no conjunto de suas peculiaridades não exclui a atitude reflexiva e o questionamento que, desde o primeiro momento, devem existir por parte do sujeito do conhecimento em relação ao objeto da investigação, seja a reconstituição do processo que deu origem ao documento em si, seja a devida interpretação do fragmento visual da realidade passada nele contido[65].

Dessa forma, parte-se daquilo que não está iconograficamente explícito, permitindo, assim, uma gama de reflexões e ampliando a interpretação da fotografia como objeto/documento histórico. Isto é, objetivamente não se deve reduzir a fotografia a um recurso meramente ilustrativo — inclusive, servindo apenas como material de apoio ao documento escrito — quando se sabe de suas características sociais, políticas, culturais às quais estava submetida.

---

[63] Graças à dedicação da equipe que integra o acervo do Museu da Cidade | Solar da Marquesa, no esforço de preservar a memória de São Paulo.

[64] CERTEAU, Michel de. A Operação Historiográfica. In: CERTEAU, Michel de. *A Escrita da História*. Rio de Janeiro: Forense Universitária, 1982. p. 56-104.

[65] KOSSOY, Boris. *Fotografia & História*. São Paulo: Ateliê Editorial, 2018. p. 20.

No caso da fotografia, cabe salientar a relevância de seu papel como instrumento revelador de aspectos significativos da memória coletiva. Todavia, e para além de um mero recurso ilustrativo, busca-se ampliar sua interpretação, indo além de simples descrições superficiais de seu conteúdo. Com base na interpretação que Márcio Sônego faz de Miriam Moreira Leite, o autor aponta que a fotografia "[...] revelaria indícios que permitiriam ao observador chegar a outros níveis de realidade [...], o que significa, portanto, transpor daquilo que é visível para o que está invisível numa mesma imagem fotográfica"[66].

Contudo, não basta apenas pesquisar/analisar imagens que, por si só, pouco ou nada contribuirão para um melhor esclarecimento do objeto do estudo. Interessa, concomitantemente a essa análise, buscar outras fontes e, portanto, informações que possam corroborar para acrescer o conteúdo, melhor dizendo, o momento histórico, o fotógrafo, as tecnologias empregadas, o tema escolhido, entre outros.

Segundo Ana Maria Mauad, além de ampliar o universo de fontes, a construção do conhecimento histórico parte da "[...] micro-história que, para ser narrada, não necessita perder a dimensão macro, social e totalizadora das relações sociais"[67].

Tal visão também é corroborada por Boris Kossoy, ao afirmar que "o vestígio da vida cristalizado na imagem fotográfica passa a ter sentido no momento em que se tenha conhecimento e se compreendam os elos da cadeia de fatos *ausentes* da imagem. Além da verdade iconográfica"[68].

Um primeiro exercício de análise indica que a imagem urbana construída por Aurélio Becherini é abrangente, coberta de múltiplas narrativas, crônicas visuais de um momento de reconfiguração e está contida em todas as suas formas de atuação. Por suas fotos identifica-se a simultaneidade de dois tempos; lado a lado caminhavam o progresso tão ensejado e a herança de um passado que, de tão arraigado, custava a desaparecer. Ali estavam presentes o urbano e o rural, o estrangeiro e o nativo, o branco, o preto e o mestiço, o citadino e o caipira, o rico e o pobre, a movimentação

---

[66] SÔNEGO, Márcio J. F. A fotografia como fonte histórica. *Historiæ*, [S. l.], v. 1, n. 2, p. 113-120, 2011. Disponível em: https://periodicos.furg.br/hist/article/view/2366. Acesso em: 3 abr. 2021. p. 117.
[67] MAUAD, A. M. Na mira do olhar: um exercício de análise da fotografia nas revistas ilustradas cariocas, na primeira metade do século XX. *Anais do Museu Paulista: História e Cultura Material*, [S. l.], v. 13, n. 1, p. 133-174, 2005. Disponível em: https://www.revistas.usp.br/anaismp/article/view/5417. Acesso em: 18 abr. 2021. p. 137.
[68] KOSSOY, 2018, p. 132, grifo do autor.

dos carros e a lentidão da carroça, o moderno e o antigo. Relações de poder, relações de resistência, mudança e prevalência. Tudo isso tanto no ambiente social como na vida privada.

O viver na emergente metrópole foi uma experiência inesperada para todos os sujeitos envolvidos, tanto temporal quanto espacialmente. Eram poucos os privilegiados, que incorporavam rapidamente as novas condutas e as modernidades tecnológicas, e muitos os abandonados, lutando para assimilar e se adequar.

O novo se sobrepondo ao antigo, mas, antes disso, disputando espaço com ele. Isto é, o espaço urbano — somado às pessoas que ali viviam e circulavam — e a intensa transformação a que a cidade estava submetida foram o mote do trabalho desse fotógrafo. Becherini compreendeu rapidamente a nova moldura da cidade e o conjunto heterogêneo de pessoas que por ela transitavam.

> [...] velhas casas que caíam, edifícios e palacetes erguidos sobre suas ruínas, expressões de mentalidades que iam e vinham, classes que se metamorfoseavam, que desapareciam e nasciam, transições que se consumavam. Becherini fotografou o que restava da arquitetura e da mentalidade do Brasil colonial e escravista e o nascimento não só de uma cidade nova, mas novas formas e volumes das ruas e dos edifícios na transitoriedade de pessoas e poderes por trás de janelas e sacadas[69].

Ainda que o poder público (e econômico) seja o definidor da temática, aquele que pauta a maior parte do trabalho fotográfico de Aurélio Becherini — cujo foco/mote principal estava em projetar a cidade "urbana" e "bela", que cresce e avança —, o fotógrafo soube trazer/explorar os contrastes de uma nova lógica social e urbana para sua fotografia. Há, claro, muita demolição e obras em andamento, mas há também a visão/descrição de uma organização social, de uma época, de certos hábitos (tanto velhos como os recém-adquiridos), tradições (a prevalência e criação), comportamentos, enfim.

Quer dizer, com isso, o quão notável é a natureza subjetiva de uma imagem, subjetividade essa que tem início no próprio mister do fotógrafo, que carrega muito de si, naquilo que para os outros pretende apresentar. E no caso específico de Becherini, não se pode desprezar que essa

---

[69] MARTINS, José de Sousa. O nascimento da vida cotidiana paulistana. *In:* FERNANDES JR., Rubens *et al. Aurélio Becherini*. São Paulo: Cosac Naify, 2009. p. 47.

subjetividade está impregnada da objetividade concreta de uma cidade em movimento (demolição e reconstrução contínua), que altera a experiência sensorial e perceptiva daqueles que ali viviam.

Dono de um olhar atento e perspicaz, o cotidiano urbano e a paisagem humana se fazem presentes na maior parte do trabalho do fotógrafo. Rubens Fernandes Jr. aponta que "em algumas tomadas, a aparente desordem, sugerida pelo acaso do movimento dos transeuntes, mostra que a fotografia é por excelência o meio para registrar a passagem do tempo sobre um espaço, pois transforma o instante efêmero em eternidade"[70]. Nesse sentido, pode-se dizer que o trabalho de Aurélio Becherini é o registro da transição que a cidade de São Paulo passava naquele específico período, não só no aspecto urbano, como também no humano, mostrando a vida diária e rotineira da população da cidade diante das transformações que se impunham.

E Becherini vai além, uma vez que seu trabalho fotográfico capta detalhes que a princípio poderiam passar despercebidos, mas que, no fundo, evidenciam aspectos únicos. Segundo a observação de José de Sousa Martins, "essa multiplicidade de cenas numa única foto expõe a diferenciação social da cidade, as classes nas mentalidades que se objetivam nas roupas, na postura, nos lugares, nas atitudes"[71]. Isto é, a partir das fotos de Becherini é possível entender o que era a São Paulo naquele período.

Da mesma forma, deve-se ressaltar a dimensão quase que explicitamente memorialística da obra do fotógrafo. Exemplo importante dessa faceta pode ser explorada a partir do trabalho de edição do *Álbum Comparativo da Cidade de São Paulo*.

Aurélio Becherini — 27 anos depois de Militão — percorre os mesmos locais, e o registro desse trabalho compõe o novo álbum, de 1916[72]. O projeto da nova edição foi concebido e organizado por Washington Luís, cujo propósito seria registrar (a fim de divulgar) as benfeitorias de sua gestão.

É bem possível pressupor que um dos objetivos desse registro fotográfico, além de ser uma espécie de propaganda política, fosse também a sedimentação de uma memória. É quase como a invenção de um passado

---

[70] FERNANDES JR., Rubens. Lições e demolições do olhar. *In:* FERNANDES JR., Rubens *et al. Aurélio Becherini.* São Paulo: Cosac Naify, 2009. p. 18.

[71] MARTINS, 2009, p. 61.

[72] Entre o original de Militão e o de Washington/Becherini há um outro álbum: o *Álbum Comparativo da Cidade de São Paulo (1862-1887-1914)*. Trata-se de uma reedição do álbum de Militão acrescido de novas imagens, produzido e comercializado pela Casa Duprat.

no presente, que busca fixar a grandeza da trajetória paulista até aquele momento. Com isso, o futuro já estava predestinado, marcando São Paulo como epicentro do "progresso" e da "modernidade" no país — atendendo perfeitamente aos interesses da classe dominante paulista.

Ao produzir o *Álbum Comparativo*, a intenção inicial de Militão era o de comercializá-lo. Mal sabia ele que futuramente a iniciativa, além de pioneira, seria considerada referência ao retratar uma cidade em vias de desaparecer.

> Entre as primeiras fotografias de 1862 e as segundas de 1887, Militão expõe diferenças entre uma cidade ainda com aspectos provincianos, do "burgo dos estudantes" [...], para uma cidade em franco crescimento econômico e populacional. Isto é observado nas imagens da segunda série, não apenas nos aspectos arquitetônicos das edificações, mas também no surgimento de novas áreas urbanizadas, no aspecto das ruas nas quais se instalam trilhos de bonde e postes de iluminação e nos resultados das intervenções da gestão João Theodoro[73] (presidente de São Paulo de 1872-1875)[74].

Já o *Álbum* trabalhado por Becherini, como já foi dito, seria uma espécie de peça publicitária da gestão de Washington Luís. Coube ao italiano, por meio de sua fotografia, valorizar e enaltecer os investimentos do poder público na remodelação da cidade. Além de suas próprias fotos, ele também usou as imagens produzidas por colegas de profissão (tais como Vieira e Gaensly) para compor a nova edição comparativa.

No geral, e à primeira vista, as fotos de Becherini são essencialmente o registro da reordenação do espaço urbano, do viver urbano, o que por si só já é notável quando abordamos a fotografia do período e o conjunto de fotógrafos contemporâneos a ele, cuja temática também foi a cidade de São Paulo, em suas mais diversas formas. Talvez Becherini tivesse a percepção de estar vivendo uma experiência pessoal/social/urbana única. E que a São Paulo colonial logo seria apagada, logo deixaria de existir para dar lugar à cidade moderna, civilizada e asseada.

---

[73] Segundo consta, João Theodoro Xavier destacou-se por investir fortemente em melhorias do espaço público (N. do A.).
[74] GARCIA, 2008, p. 63-64.

Figura 2 – Foto: Aurélio Becherini. Rua Liberó Badaró (1922-1925)

Fonte: Acervo Fotográfico da Cidade de São Paulo

A fotografia da Rua Libero Badaró, tirada entre 1922 e 1925 — num momento em que Becherini desempenhava simultaneamente o trabalho de fotojornalista da imprensa e fotógrafo de órgãos públicos — indica que na segunda década do século XX as obras de melhoramentos urbanos do centro ainda seguiam aceleradas, basta observar que em primeiro plano está o trabalho de colocação de trilhos de bonde e ao fundo, a esquina da Ladeira São João.

O fotógrafo produziu uma série de fotografias da antiga Igreja da Sé, dos arredores e por vários ângulos. Todo aquele espaço passaria por uma remodelação com o início da construção da nova catedral (1913). A igreja colonial e barroca em breve seria demolida, como também parte do casario do entorno, a fim de melhorar a circulação. Qual seria o sentimento dele diante disso, ou seja, diante de uma cidade que destrói e constrói num ritmo frenético e acelerado?

> Suas imagens revelam reflexões por parte do fotógrafo, que ao caminhar pelas ruas de São Paulo, munido de pesado equipamento, com tripé e chapas de vidro, elegia as condições que melhor lhe conviriam para os registros que pretende executar. Além disso, participou de instâncias diferenciadas em que eram solicitados os serviços de um fotógrafo à sua época. Registros de obras e intervenções urbanas já era uma prática vigente, em que Guilherme Gaensly, por exemplo, foi sem dúvida um expoente em São Paulo, desde a última década do século XIX[75].

Garcia lança um ponto relevante ao mencionar Gaensly, e aqui cabe uma breve comparação entre ele e Becherini. Ora, ambos têm como ponto comum a fotografia de uma cidade em evolução, entretanto, basta um olhar mais detalhado para se identificar que, enquanto a fotografia de Guilherme Gaensly apresenta a monumentalidade e a imponência da São Paulo que só cresce, o registro fotográfico de Becherini carrega uma certa melancolia, uma certa conformação — no sentido de resignação — diante de tantas transformações. Em outras palavras, cada qual trouxe em sua fotografia uma memória a ser revisitada, uma mensagem a ser codificada.

Não há na fotografia de Aurélio Becherini a preocupação em eliminar o contraste, isto é, a diferença está lá. Suas fotos fogem do padrão cartão-postal, com as apreciadas vistas panorâmicas — tão comum à época — cujo cuidado residia justamente em eliminar aquilo que era considerado "feio", "desagradável", "incômodo". Não há ausência, nem a exclusão porque, como já foi dito anteriormente, a cidade que se pretende "moderna" também se formou a partir da presença concreta de um grupo que, desde de sempre, foi segregado, expurgado.

É preciso dizer que a contribuição de Aurélio Becherini para o entendimento de uma cidade em expansão ainda é pouco explorada, daí a importância de se refletir sobre sua produção, uma vez que em suas fotos, cheias de contrastes e contradições, revela-se a coexistência de temporalidades diversas, sujeitos diversos. E é por esse motivo que sua obra fotográfica tem tanto valor.

---

[75] GARCIA, 2008, p. 164.

Referências

AMERICANO, Jorge. *São Paulo naquele tempo (1895-1915)*. São Paulo: Saraiva, 1957.

ARQUIVO HISTÓRICO MUNICIPAL. Acervos fotográficos no âmbito da Secretaria Municipal de Cultura. *Informativo – Arquivo Histórico Municipal*, São Paulo, ano 4, n. 22, jan./fev. 2009. Disponível em: http://www.arquiamigos.org.br/info/info22/i-estudos.htm. Acesso em: 18 set. 2024.

BENJAMIN, Walter. *Obras Escolhidas III (Charles Baudelaire um lírico no auge no capitalismo)*. São Paulo: Brasiliense, 1997.

CAMARGOS, Márcia. *Villa Kyral* – crônica da Belle Époque paulistana. São Paulo: Senac, 2001.

CERTEAU, Michel de. A Operação Historiográfica. *In:* CERTEAU, Michel de. *A Escrita da História*. Rio de Janeiro: Forense Universitária, 1982. p. 56-104.

CHIARELLI, Tadeu. História da arte / história da fotografia no Brasil - século XIX: algumas considerações. *ARS*, São Paulo, v. 3, n. 6, p. 78-87, 2005. Disponível em: https://www.revistas.usp.br/ars/article/view/2943. Acesso em: 18 set. 2024.

CRUZ, Heloisa de Faria. *São Paulo em papel e tinta:* periodismo e vida urbana – 1890-1915. São Paulo: EDUC, 2000.

DUARTE, Benedito Junqueira. *Fotografias de Aurélio Becherini*. Seção de Iconografia do Departamento de Cultura do Município de São Paulo. São Paulo: Supervisão de Museologia e Acervos do Museu da Cidade de São Paulo; Solar da Marquesa, 1942.

ERNICA, Maurício. Uma metrópole multicultural na terra paulista. *In:* SETUBAL, Maria Alice (coord.). *A Formação do Estado de São Paulo, seus habitantes e os usos da terra – vol.1*. São Paulo: Imprensa Oficial, 2004. p. 157-184.

FERNANDES JR., Rubens. B. J. Duarte: Invenção e modernidade na fotografia documental. *Portal Intercom,* 2008. Disponível em: http://www.intercom.org.br/papers/nacionais/2008/resumos/R3-0864-1.pdf. Acesso em: 18 set. 2024.

FERNANDES JR., Rubens. Lições e demolições do olhar. *In:* FERNANDES JR., Rubens *et al. Aurélio Becherini*. São Paulo: Cosac Naify, 2009. p. 8-29.

GARCIA, Angela C. *São Paulo em prata:* a capital paulista nas fotografias de Aurélio Becherini (anos 1910-20). 2008. Dissertação (Mestrado em Arquitetura e Urbanismo) – Faculdade de Arquitetura e Urbanismo, Universidade de São Paulo, São Paulo, 2008.

KOSSOY, Boris. *Fotografia & História*. São Paulo: Ateliê Editorial, 2018.

MARTINS, José de Sousa. O nascimento da vida cotidiana paulistana. *In:* FERNANDES JR., Rubens *et al. Aurélio Becherini*. São Paulo: Cosac Naify, 2009. p. 42-83.

MAUAD, A. M. Na mira do olhar: um exercício de análise da fotografia nas revistas ilustradas cariocas, na primeira metade do século XX. *Anais do Museu Paulista: História e Cultura Material*, [S. l.], v. 13, n. 1, p. 133-174, 2005. Disponível em: https://www.revistas.usp.br/anaismp/article/view/5417. Acesso em: 18 abr. 2021.

MODERNAD, Anne de. A emergência de um novo olhar sobre a cidade: as fotografias urbanas de 1870 a 1918. *Revista Projeto História*, São Paulo, maio 1999.

MONTEIRO, Charles. Cidade e Fotografia: imagens de Porto Alegre nos anos 1970 e 80. *In:* MATOS, Maria Izilda Santos *et al.* (org.). *Cidades:* Representações, Experiências e Memórias. São Paulo: Olho d'Água, 2017. p. 80-96.

MUSEU DA IMAGEM E DO SOM DE SÃO PAULO – MIS-SP. *Entrevista do fotógrafo B. J. Duarte parte 1/3 at*. São Paulo: Museu da Imagem e do Som, 1981. Disponível em: https://acervo.mis-sp.org.br/audio/entrevista-do-fotografo-b-j-duarte-parte-13. Acesso em: 18 set. 2024.

SEVCENKO, Nicolau. *Orfeu extático na metrópole*. São Paulo: Companhia das Letras, 1992.

SÔNEGO, Márcio J. F. A fotografia como fonte histórica. *Historiæ*, [S. l.], v. 1, n. 2, p. 113-120, 2011. Disponível em: https://periodicos.furg.br/hist/article/view/2366. Acesso em: 3 abr. 2021.

TOLEDO, Benedito Lima. *São Paulo:* três cidades em um século. São Paulo: Cosac Naify, 2004.

CAPÍTULO 3

CIDADES PANTANEIRAS: A QUESTÃO URBANA NA HISTORIOGRAFIA DE VIRGÍLIO CORRÊA FILHO

Lucas Rozendo
Alberto Luiz Schneider

Este capítulo emerge como parte de um extenso trabalho sobre história da historiografia e história intelectual centradas no historiador mato-grossense Virgílio Corrêa Filho (1887–1973)[76]. Esse intelectual, ligado às elites fazendeiras cuiabanas, graduou-se em engenharia civil pela Escola Politécnica do Rio de Janeiro em 1908. No entanto, foi com a produção histórica, tomada como ofício por Corrêa Filho, que alcançou projeção e reconhecimento.

Sua obra historiográfica teve como principal objetivo destacar o protagonismo da elite local de Cuiabá no cenário regional, além de propor uma nova representação do território e espaço mato-grossense. Durante séculos, esse espaço foi retratado de forma depreciativa, como selvagem e intransponível pela modernidade e civilização. Corrêa Filho, por meio do trabalho como historiador, empreendeu esforços para reconfigurar essa narrativa, buscando valorizar a história e as contribuições da região para o contexto nacional.

Nesse sentido, será abordada a obra *Pantanais matogrossenses (devassamento e ocupação)*, de Corrêa Filho, publicada em 1946, com foco na seção que trata das cidades pantaneiras[77]. O título da fonte destaca o bioma regional, o Pantanal, e sua relação com as atividades de exploração

---

[76] Virgílio Alves Corrêa Filho atuou como historiador, jornalista, engenheiro, secretário-geral do estado de Mato Grosso de 1922 a 1926 e secretário-geral do Conselho Nacional de Geografia em 1950 e 1956. Também atuou como membro do Centro Mato-grossense de Letras, do Instituto Histórico Geográfico de Mato Grosso e da Academia Portuguesa de História. Além disso, integrou o Instituto Histórico e Geográfico Brasileiro a partir de 1931, nas funções de primeiro secretário e terceiro vice-presidente. Corrêa Filho contribuiu com artigos para a *Revista Brasileira de Geografia*, a *Revista do Instituto Histórico e Geográfico Brasileiro* e o *Jornal do Comércio* (1927–1958).

[77] CORRÊA FILHO, Virgílio. *Pantanais matogrossenses* (devassamento e ocupação). Rio de Janeiro: Biblioteca Geográfica Brasileira, 1946.

e tomada desse espaço natural. Publicado em 1946 pelo Instituto Brasileiro de Geografia e Estatística (IBGE) em colaboração com o Conselho Nacional de Geografia (CNG), esse livro foi encomendado para integrar a Biblioteca Geográfica Brasileira, conforme estabelecido por uma resolução de 1941, com o objetivo de oferecer aos estudiosos da geografia do Brasil uma compilação de trabalhos dedicados a essa ciência.

Portanto, nota-se que a temática urbana recebeu destaque na narrativa de Corrêa Filho em *Pantanais matogrossenses (devassamento e ocupação)*. De fato, a cidade é um símbolo marcante do potencial desenvolvimentista de uma determinada região, como também uma questão essencial aos intelectuais do século XX.

As cidades emergem como tema indispensável à intelectualidade ainda no século XIX, com o crescimento dos grandes "monstros urbanos" e a necessidade de interpretar as novas problemáticas que se manifestam nas cidades modernas[78]. A questão fundamental que aparece no início da reflexão sobre o espaço urbano é a distinção entre duas abordagens para intervir nesses ambientes caóticos: a regra e o modelo[79]. Durante o período de expansão das grandes cidades, os intelectuais atuaram na ciência urbana, desenvolvendo modelos de composição para essas cidades.

Assim, destaca-se a obra de Ildefonso Cerdá (1815–1876), que propôs um novo modelo de expansão para a cidade de Barcelona[80]. O plano de Cerdá expressou a necessidade de adaptar os antigos caminhos do centro de Barcelona a uma formatação de quadras e vias paralelas de quarteirões vazados em seus interiores. O engenheiro urbanista estabelecia com o seu modelo uma representação ideal de circulação, com sua teoria do cubo atmosférico, além do intuito de refundar a cidade por meio de seu projeto urbano. Cerdá foi o primeiro intelectual a conceber o urbanismo como uma teoria científica e a aplicar a técnica, o que possibilitou que os profissionais dessa área atuassem no território com o objetivo de aprimorar a qualidade de vida cotidiana nesse espaço[81].

---

[78] BRESCIANI, Stella. Metrópoles: as faces do monstro urbano (as cidades no século XIX): Sanitarismo e configuração do Espaço Urbano. *In*: BRESCIANI, Stella. *Da cidade e do urbano*: experiências, sensibilidades, projetos. São Paulo: Alameda, 2018.

[79] CHOAY, Françoise. Uma nova figura em preparação: derivas e desconstrução; A Teoria do Urbanismo. *In*: CHOAY, Françoise. *A regra e o modelo*: sobre a teoria da arquitetura e do urbanismo. São Paulo: Perspectiva, 1985.

[80] CERDÁ, Ildefonso. *Teoría General de la Urbanización, y aplicación de sus principios y doctrinas a la Reforma y Ensanche de Barcelona*. Madri: Imprenta Española, 1867.

[81] CHOAY, 1985.

Françoise Choay[82], historiadora e teórica do urbanismo, expõe em seus estudos os modelos e as regras que nortearam essa disciplina em sua concepção. Tais modelos e regras serviram como eixos de visualização para a proposição e aplicação de intervenções no tecido citadino[83]. O urbanismo nasceu como algo aparentemente esvaziado de política. Desse modo, os ilustrados que refletiam sobre a cidade buscavam soluções exclusivamente técnicas e científicas para a desordem urbana dos caminhos gerados pelas mulas, isto é, sem planejamento urbanístico[84]. Cabe ressaltar que o urbanismo, apresentado como meio neutro de intervenção sobre o território, na verdade é uma tática que disfarça os avanços e as transformações engatilhados pelo sistema econômico capitalista sobre o espaço nos séculos XIX e XX.

Para o desenvolvimento dessa nova disciplina que buscava interpretar as cidades, os urbanistas utilizaram comparações das ciências biológicas (fisiologia) e da própria história como forma de validar a autoridade de seus modelos de intervenção no espaço urbano. O que é essencial compreender aqui é que o urbanismo surge desvinculado da política em busca de soluções estritamente técnicas. Visto que a política é algo confuso e sujeito a disputas, o urbanista propõe seu modelo e toma decisões por meio da técnica, sem considerar as opiniões e disputas das populações que compõem a cidade e os movimentos que nela habitam.

A abordagem do surgimento do urbanismo e sua relação com o discurso historiográfico de Corrêa Filho sobre o espaço urbano, assim como a representação da identidade mato-grossense por esse intelectual, são peças essenciais para compreender a perspectiva do progresso e desenvolvimento na historiografia *virgiliana*. Em vista disso, Corrêa Filho, enquanto intelectual vinculado aos institutos históricos e órgãos oficiais de produção de conhecimento, desempenhou um papel crucial ao impulsionar o país recém-estabelecido como uma República em direção a um processo de modernização da sociedade e à construção de um estado nacional coeso.

---

[82] A produção de Choay serve como fundamento teórico e metodológico neste trecho do estudo. Sua relevância se deve à linha de pesquisa "Cultura e Cidade" do Programa de Pós-Graduação da PUC-SP, que contribui para a compreensão da importância de se pensar a história dos tecidos urbanos como um grande eixo de compreensão histórica da cultura, da sociedade e da intelectualidade.

[83] CHOAY, 1985.

[84] LE CORBUSIER. Primeira Parte (Debate geral). *In:* LE CORBUSIER. *Urbanismo.* 2. ed. São Paulo: Martins Fontes, 2000. p. 5.

O processo de modernização da sociedade brasileira implicou a definição de uma identidade cultural em uma nação de dimensões continentais, cindida entre litoral e interior.

Nesse sentido, o espetáculo da miscigenação necessitava da construção de uma identidade uniformizadora que promovesse coesão e pacificação em uma ordem social violenta para os marginalizados. Por meio de sua atuação nos espaços de conhecimento, Corrêa Filho propôs uma identidade fundamentada na *cuiabanidade*[85], dessa forma, o intelectual buscava vincular o estado do Mato Grosso à cidade a que seu grupo político pertencia. Dessa maneira, as elites regionais concebiam formas de representação e buscavam protagonismo diante dos discursos e relatos de viajantes e militares sobre o Mato Grosso, retratado no passado colonial como rústico, interiorano, selvagem e bárbaro[86].

Observa-se que a primeira produção de Corrêa Filho, *Mato Grosso*, obra publicada em 1922, emerge como parte das celebrações do centenário da Independência. Esse primeiro livro revela o projeto político-historiográfico de representar o estado em uma narrativa de linearidade e progressão, destacando o glorioso passado dos primeiros colonizadores desse território, historicamente ligados até aos membros da elite cuiabana. Esse passado fictício busca inserir, se não todo o Mato Grosso, pelo menos Cuiabá em um cenário moderno. Mesmo que não estivesse totalmente vinculado a uma vida mais "citadina aburguesada", ao menos vislumbrava no progresso positivista uma "marcha evolutiva" para o estado[87].

Corrêa Filho, formado em engenharia civil pela Escola Politécnica do Rio de Janeiro em 1908, como já mencionado, atuou como engenheiro-residente em 1909 na Estrada de Ferro Noroeste do Brasil. Essa ferrovia impulsionou a chegada de forasteiros a várias cidades mato-grossenses, especialmente em Campo Grande, ameaçando de certa forma a hegemonia da elite cuiabana no estado[88]. O intenso desenvolvimento de Campo Grande, embora malignado outrora de agitações perturbadoras na sua

---

[85] "Escritores como Lenine Póvoas (1987) e Valmir Batista Corrêa (1995; 2005) se referem à "cuiabanidade" ou "cuiabania" como uma espécie de sentimento ou uma valorização do passado de Mato Grosso. Esse sentimento está ligado à historicidade de Cuiabá, epicentro regional, de onde tudo emanava e para onde tudo acabava convergindo, desde os primeiros achados auríferos, ocorridos no início do século XVIII" (FRANCO, Gilmara Yoshihara. *O binóculo e a pena*: a construção da identidade matogrossense sob a ótica virgiliana: 1920-1940. Dourados: Editora da UFGD, 2009. p. 51).

[86] Idem.

[87] CORRÊA FILHO, Virgílio. *Mato Grosso*. Rio de Janeiro: Co-editora Brasílica, 1922.

[88] FRANCO, 2009.

marcha, mantém-se acelerado, fazendo lembrar o exemplo clássico do *Far-West* americano[89].

Portanto, o traço essencial da identidade mato-grossense concebida por meio da produção *virgiliana* é a *cuiabanidade*[90], isto é, a demarcação de um tecido urbano naquele território, também o certificado de existência de uma história de desenvolvimento rumo ao progresso metropolitano. Nessa perspectiva, o historiador descreveu Cuiabá como a materialização da cidade ideal, devido ao seu nascimento em um momento inigualável: a descoberta de ouro no século XVIII — o que influenciou o crescimento excepcional da cidade no período colonial[91].

Corrêa Filho estima em *Mato Grosso* que a arquitetura colonial, traço da originalidade de Cuiabá, fez dessa cidade uma localidade moderna, bem servida de água e energia elétrica. O intelectual destaca ainda mais a condição de Cuiabá como epicentro cultural do estado, com a sede da Academia de Letras e do Instituto Histórico Geográfico, além da imprensa, com os jornais: *Themis Mato Grossense, Diário Oficial, A cruz* e a *Revista do Instituto Histórico*. Outra característica essencialmente urbana de Cuiabá consistia nos colégios Liceu Cuiabano e São Gonçalo, os quais podem ser comparados ao tradicional colégio D. Pedro II no Rio de Janeiro, segundo o historiador. Portanto, percebe-se como Corrêa Filho utilizou-se da posição de Cuiabá como território urbano para reafirmação da presença do aspecto mais supremo da sociedade no século XX: a modernidade[92].

Dessa forma, Cuiabá representava uma metáfora da cultura, destacando a presença de obras humanas e uma história grandiosa associada à narrativa bandeirante. Essa narrativa estabelecia uma conexão entre o passado mais remoto, marcado pela chegada dos imponentes homens paulistas durante a colonização, e os cuiabanos contemporâneos, pertencentes à elite intelectual-política da qual Corrêa Filho fazia parte.

"Cada cidade assume a forma do deserto ao qual se opõe"[93], escreveu o autor italiano Italo Calvino. Corrêa Filho, nesse sentido, contrapôs o conceito de *cuiabanidade* como os modos de ser e fazer que diferenciam o ser humano dos outros animais. Esses modos de ser trazem consigo

---

[89] CORRÊA FILHO, 1922, p. 154.

[90] Nesse sentido, *cuiabanidade* é uma espécie de identidade guarda-chuva, abrangendo toda a diversidade mato-grossense da época.

[91] FRANCO, 2009.

[92] CORRÊA FILHO, 1922.

[93] CALVINO, Italo. *As cidades invisíveis*. São Paulo: Companhia das Letras, 1990. p. 21-22.

sensibilidades e consciências que conferem ao ser humano masculino[94] a capacidade de dominar a natureza, estabelecer tradições, depositar memórias e perdurar no território. Assim, a história da cidade de Cuiabá é a narrativa dos homens, a saga da comunidade e suas ações em contraposição ao "deserto" de Calvino, à natureza, às populações originárias daquele território e à excrescência dos povos marginalizados pela exploração e ocupação das fronteiras do sertão.

Nesse contexto, destaca-se o trabalho de Natália Amedi, que oferece uma análise profunda sobre os discursos sensíveis construídos sobre a modernização da cidade de Cuiabá. Amedi argumenta que, após a divisão do estado em 1977, Cuiabá procurou prosseguir a construção de um passado heroico ligado à epopeia bandeirante. Essa narrativa visava perpetuar a cidade como a capital eterna do estado de Mato Grosso, projetando um futuro de modernização e progresso contínuo. Seu trabalho é essencial para compreender a transformação histórica e cultural da região e deve ser considerado no contexto deste estudo[95].

Adicionalmente, é importante elucidar nesse momento a natureza do deserto ao qual Cuiabá se contrapõe. Que deserto é esse? O que ele representa? Inicialmente, devemos notar que o território de Mato Grosso frequentemente foi associado à ideia de "sertão", uma palavra com múltiplos significados e uma semântica obscura ao longo de suas diversas transformações conceituais.

Então, o que é o sertão? Existem várias respostas possíveis para essa questão, dado que o sertão é um espaço multifacetado e polimorfo. Contudo, Mato Grosso tem sido historicamente identificado como parte de um sertão denso e vasto, tanto durante o período colonial quanto na atualidade, sendo visto como um território enigmático, com áreas ainda inexploradas e desconhecidas.

Portanto, o sertão, essa palavra complexa e mutável, é concebida aqui como um "outro" geográfico que ainda não recebeu o devido reconhecimento. É um lugar que, para aqueles que buscavam escapar da ordem colonial, representava a fuga para um território incerto e desconhecido, portanto, comumente caracterizado como o domínio dos desertores.

---

[94] Necessita-se destacar que Virgílio Corrêa Filho, assim como seus pares, contribuiu para uma história excessivamente masculina e heroica. Isso porque a condição de protagonista esteve frequentemente reservada a sujeitos masculinos, descendentes dos primeiros habitantes que chegaram junto à colonização a esse território.

[95] AMEDI, Nathália da Costa. *A invenção da capital eterna:* discursos sensíveis sobre a modernização de Cuiabá no período pós-divisão do Estado de Mato Grosso (1977-1985). [e-book]. Cuiabá: EdUFMT Digital, 2021.

> Para alguns degredados, para os homiziados, para os muitos perseguidos pela justiça real e pela Inquisição, para os escravos fugidos, para os índios perseguidos, para os vários miseráveis e leprosos, para, enfim, os expulsos da ordem colonial, "sertão" representava liberdade e esperança; liberdade em relação a uma sociedade que os oprimia, esperança de outra vida melhor, mais feliz[96].

Dessa forma, os conceitos de deserto e sertão são percebidos como sinônimos nesse contexto, assim como eram frequentemente tratados como palavras de mesmo sentido nas crônicas e nos documentos coloniais[97]. Assim, o Mato Grosso e os territórios urbanos dentro dele emergem como espaços a serem reconhecidos, estabelecendo-se uma distinção entre os espaços urbanos, habitados e permanentemente moldados pela cultura humana, e as regiões sertanejas do território, caracterizadas pela dominação do natural e do desconhecido. Desse modo, o trabalho de Corrêa Filho com a questão urbana na obra de 1946 visou expressar um novo entendimento sobre o Mato Grosso, contraposto ao deserto/sertão:

> [...] o território do vazio, o domínio do desconhecido, o espaço ainda não preenchido pela colonização [...] o mundo da desordem, domínio da barbárie, da selvajaria, do diabo. Ao mesmo tempo, se conhecido, pode ser ordenado através da colonização, deixando de ser sertão para constituir-se em Região Colonial[98].

A sedimentação histórica, por meio da *cuiabanidade*, caracteriza a concepção de uma cidade intrinsecamente ligada ao processo de ocupação e exploração do território. Corrêa Filho deixa claro que a cidade cuiabana não surge no sentido de habitar, mas se manifesta no âmbito das representações das letras como um monumento. Citando Walter Benjamin[99], "nunca houve um monumento da cultura que também não fosse um

---

[96] AMADO, J. Região, sertão, nação. *Estudos históricos*, Rio de Janeiro, v. 8, n. 15, p. 145-151, 1995. Disponível em: http://bibliotecadigital.fgv.br/ojs/index.php/reh/article/view/1990/1129. Acesso em: 18 set. 2024. p. 149.

[97] GALETTI, Lylia da Silva Guedes. *Sertão, fronteira, Brasil:* imagens de Mato Grosso no mapa da civilização. Cuiabá: Entrelinhas/EDUFMT, 2012.

[98] MADER, 1991 *apud* LIMA, Nísia Trindade. *Um sertão chamado Brasil:* intelectuais, sertanejos e imaginação social. Tese (Doutorado em Sociologia) – Instituto Universitário de Pesquisas do Rio de Janeiro - Iuperj, Rio de Janeiro, 1997. p. 13.

[99] BENJAMIN, Walter. Sobre o conceito de História. *In:* BENJAMIN, Walter. *Magia e técnica, arte e política:* ensaios sobre literatura e história da cultura. São Paulo: Brasiliense, 1994. p. 225.

monumento da barbárie". A cidade, segundo os intelectuais dos institutos históricos e geográficos, representava um antídoto ao protagonismo da natureza selvagem outrora associado ao Mato Grosso.

Portanto, a cidade letrada cuiabana buscava afirmar sua modernidade na representação de Corrêa Filho e seus pares, em contraste com as observações dos viajantes que percorreram os rincões do Mato Grosso durante a colonização, deixando uma impressão de sua paisagem indomada e exótica. Vale ressaltar que Corrêa Filho recorreu à narrativa bandeirante paulista, um discurso de poder originado no litoral, para associar o interior à história remota da colonização e ao estabelecimento das primeiras fronteiras da América portuguesa.

De maneira análoga à maioria das cidades coloniais lusitanas, Cuiabá (1719) surge através dos caminhos das mulas do bandeirante Pascoal Moreira Cabral, tal como afirmou Le Corbusier, "a mula ziguezagueia, vagueia um pouco, cabeça oca e distraída, ziguezagueia para se esquivar dos barrancos, para buscar a sombra, empenha-se o menor possível"[100]. O caminho dos homens, refletido por Le Corbusier, segue uma razão, estreita os sentimentos e os instintos em proveito do objetivo que tem. Segundo o urbanista francês, o homem, pela sua inteligência, domina o animal e constrói regras que são o efeito da experiência[101]. Le Corbusier pensou algo que Sérgio Buarque de Holanda utilizou na escrita do capítulo "O semeador e o ladrilhador", de *Raízes do Brasil*: a ideia de que as cidades coloniais portuguesas nascem desordenadas por conta do desleixo dos aventureiros portugueses, em oposição ao trabalho sistemático dos ladrilhadores espanhóis[102]. No entanto, como veremos ao analisar *Pantanais matogrossenses (devassamento e ocupação)*, Corumbá, que surgiu com o nome de Albuquerque, sobrenome de seu fundador, obteve algum planejamento.

> A domesticação do sertão e de seus habitantes vista como o efetivo estabelecimento e manutenção de uma sociedade ordenada, capaz de contrapor a barbárie que a rodeava, impunha-se como uma tarefa tão crucial quanto aquelas destinadas à edificação material dos marcos fronteiriços, melhores era parte essencial do projeto expansionista e civilizador do império português[103]

---

[100] LE CORBUSIER, 2000, p. 5.
[101] Idem.
[102] HOLANDA, Sérgio Buarque de. *Raízes do Brasil*. Rio de Janeiro: José Olympio, 1936.
[103] GALETTI, Lylia da Silva Guedes. *Nos confins da civilização:* sertão, fronteira e identidade nas representações sobre Mato Grosso. 2000. Tese (Doutorado em História) – Universidade de São Paulo, São Paulo, 2000. p. 73.

Assim surgiram os povoamentos no extremo Oeste da América portuguesa, guiados pela política civilizatória da Coroa. Por meio das ações dos capitães-generais, representantes da colonização nesse território, foram estabelecidos núcleos de povoamento. Um exemplo é o 4º Capitão General, Luís de Albuquerque de Melo Pereira e Cáceres, que criou núcleos de ocupação em uma fronteira ainda disputada entre espanhóis, portugueses e as populações indígenas.

Para tanto, Luís de Albuquerque, ainda no final do século XVIII, investe na construção da povoação de Albuquerque, nas margens do rio Paraguai. Corrêa Filho, a partir de sua produção intelectual, resguarda um lugar de imortalidade para esse defensor fronteiriço, em sua obra *Luiz de Albuquerque – o fronteiro insigne*, publicada em 1941, representando o capitão general como um homem que pairava acima do bem e do mal, uma vez que enfrentou tudo e todos em prol da manutenção da fronteira mato-grossense[104]. Corrêa Filho menciona que Luiz de Albuquerque "era o vigilante defensor das raias lusitanas, que aplicava ao desempenho de sua patriótica missão toda penetrante inteligência que fosse capaz"[105].

Portanto, o construto histórico em busca da organização de uma identidade regional centrada no pertencimento a Cuiabá, bem como a valorização da figura do defensor fronteiriço, gerou sentidos de coesão. Isso permitiu que as engrenagens do sistema econômico continuassem conservando o poder sobre o território nas mãos da elite regional cuiabana.

Em relação ao que é específico no livro *Pantanais matogrossenses (devassamento e ocupação)*, o escritor cuiabano escreveu 12 páginas a respeito da temática urbana. Na primeira seção, intitulada "Cidades pantaneiras", o historiador menciona que nenhuma aglomeração urbana apresentou particularidades geradas especificamente pelo bioma pantaneiro. Entretanto, os pantanais envolvem cidades que possuem economia enraizada nesse ecossistema. O escritor, portanto, considera esses espaços urbanos "como prova de concentrações demográficas", isto é, evidências da presença humana no espaço natural pantaneiro. Dentre as cidades trabalhadas na fonte em questão, exclui-se Cuiabá por estar localizada "acima das alagações"[106].

---

[104] CORRÊA FILHO, Virgílio. *Luiz de Albuquerque – Fronteiro insigne*. Rio de Janeiro: Imprensa Nacional, 1941.
[105] *Ibidem*, p. 248.
[106] CORRÊA FILHO, 1946, p. 134.

A primeira cidade que o escritor trabalha é Santo Antônio. À margem esquerda do rio Cuiabá, essa povoação teve como entrave ao seu desenvolvimento a presença indígena na região.

> Nos primeiros tempos, causariam os paiaguás mortes e estragos, que afastariam os povoadores. Cessados os assaltos desses indígenas, razões de ordem política e geográfica refrearam o crescimento do núcleo de colonização espontânea[107].

A cidade de Santo Antônio[108], por sua localização em região alagável, possui terreno adubado periodicamente pelas águas que invadem o seu tecido citadino. Essa característica natural, segundo Corrêa Filho, faz com que o território apresente uma grande concentração de "engenhos de menor categoria, apropriados ao fabrico da rapadura"[109].

O autor registra em seu estudo sobre esse município que a presença das usinas ao redor desse núcleo urbano, fator que também envolvia a administração da cidade, sempre controlada por donos dessas usinas, sem que alterassem tanto sua conjuntura, conturbou o desenvolvimento do seu tecido. O escritor chega a escrever que "somente quem protestasse obediência irrestrita ao usineiro dominador poderia ali viver". Dessa forma, esse núcleo esteve marcado pela ausência de um desenvolvimento que fortalecesse o seu propósito como espaço urbano.

> E, assim, o desenvolvimento da cidade não diz com a riqueza do município, em cuja terra fertilíssima a lavoura prospera, em perfeita harmonia com os seus campos povoados de gado pantaneiro, de se abastecem os mercados da capital e os saladeiros mais próximos[110].

---

[107] *Idem.*

[108] O nome de Santo Antônio foi substituído pelo de Leverger, em consequência do decreto-lei n.º 545, de 31 de dezembro de 1943 (Corrêa Filho, 1946, p. 134). Atualmente, essa cidade mato-grossense é nomeada conforme a conjunção desses dois nomes: Santo Antônio de Leverger.

[109] CORRÊA FILHO, 1946, p. 134.

[110] *Ibidem*, p. 135.

Figura 1 – Mapa de Santo Antônio, à beira do Rio Cuiabá[111]

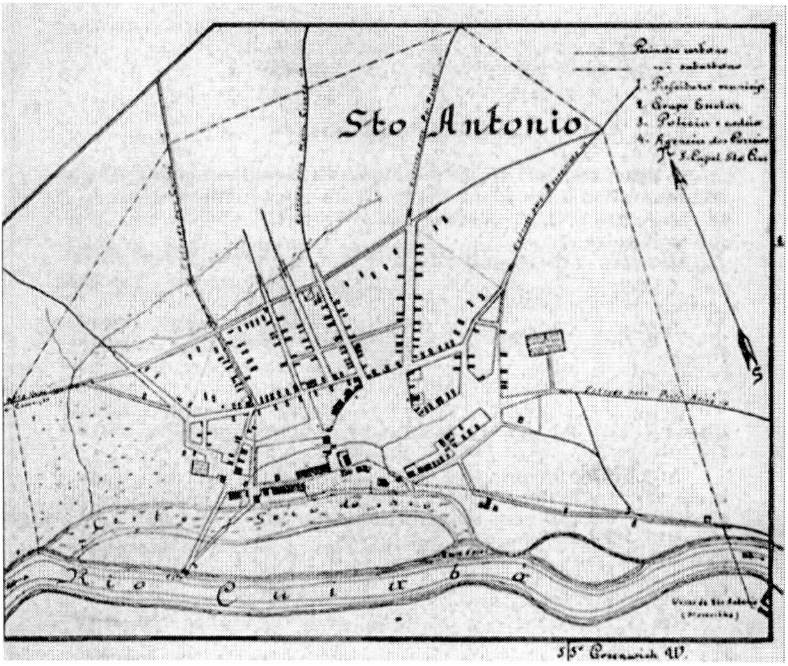

Fonte: Corrêa Filho[112]

O segundo núcleo urbano trabalhado na fonte em questão é Melgaço. Localidade que, segundo o escritor registra, ainda nos anos de produção da obra, não havia alcançado a "insígnia citadina", de que se vangloriava a sua maior concorrente Santo Antônio. Essas cidades disputavam a primazia política dessa região em especial do Pantanal. Melgaço, localizada à beira do rio Cuiabá, também teve como grande obstáculo para seu maior desenvolvimento a presença de usinas açucareiras, "que lhe dificultavam o maior surto de independência"[113].

A terceira localidade citadina trabalhada por Corrêa Filho é Poconé, com origem ligada à exploração aurífera de mineiros que revolviam cascalho à procura do "metal ambicionado"[114]. Segundo o registro do escritor, esse núcleo urbano era marcado pelas

---
[111] Essa cidade era "prejudicada pela vizinhança das usinas açucareiras, que são os verdadeiros centros demográficos de atração causada pela industrialização regional" (Corrêa Filho, 1946, p. 135).
[112] CORRÊA FILHO, 1946, p. 135.
[113] CORRÊA FILHO, 1946, p. 136.
[114] *Idem.*

> [...] fazendas pastoris, que lhe davam fama, possuem as características pantaneiras, de maneira que o município se encontra em grande parte, ao alcance das alagações. [...] Gerado pela mineração, o arraial sobreviveu à decadência de suas lavras auríferas, por servir de ponto de passagem, na estrada de rodagem de Cuiabá a Vila Bela, que o tornava frequentado pelos viajantes coloniais[115].

Corrêa Filho historiciza que Poconé passou a ser considerada paróquia em 1818 e tornou-se vila por decreto do ano de 1831. O escritor registrou que, em 1863, o prestígio político dos habitantes desse núcleo urbano alçou Poconé ao "foro" de cidade. Essa cidade destacava-se, segundo Corrêa Filho, por sua riqueza pecuária, desenvolvida nos campos pantaneiros, onde no tempo de escrita da fonte criavam-se 360 mil cabeças de gado bovino[116].

A próxima cidade apresentada pelo escritor nessa seção é Cáceres. Esse núcleo urbano é contemporâneo a Albuquerque, gerado pelos mesmos motivos dessa outra cidade e também nomeado em homenagem ao capitão general Luís de Albuquerque de Melo Pereira e Cáceres, que promoveu a fundação dessa localidade por volta de 1778, à margem esquerda do rio Paraguai. Embora contasse apenas 161 pessoas, entre as quais se incluíam 78 da tribo chiquitana, coube-lhe o título de vila que, sob a proteção de São Luis, se denominou Vila-Maria-do-Paraguai[117].

Corrêa Filho destaca que essa cidade apresentava condições propícias ao desenvolvimento, situada no cruzamento de vias fluviais e terrestres, o que diferenciou seu crescimento em relação a Albuquerque. É notável que esse núcleo urbano, em algumas ocasiões, tenha sido considerado para abrigar o governo da Província, podendo servir como capital[118].

---

[115] *Ibidem*, p. 137.
[116] *Idem*.
[117] *Idem*.
[118] CORRÊA FILHO, 1946.

Figura 2 – Planta da cidade de São Luís de Cáceres[119]

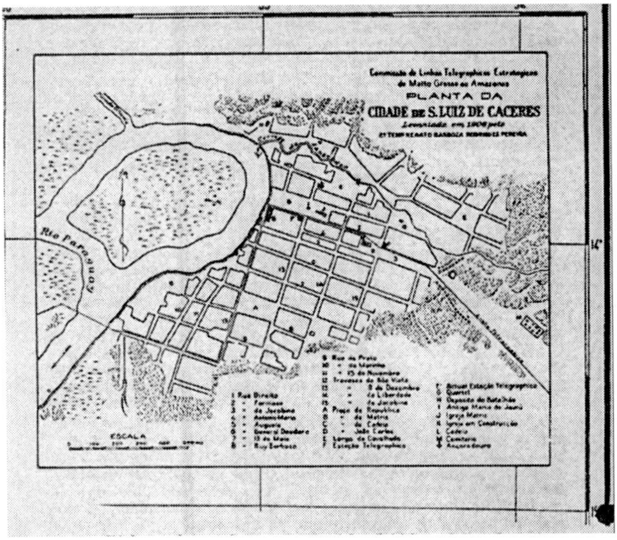

Fonte: Corrêa Filho[120]

No entanto, na história da consolidação desse núcleo urbano, depois de conseguir o foro de cidade em 1874, que lhe nomeava São Luís de Cáceres, faltou um fator estimulante que impulsionasse o seu progresso. O escritor registra:

> Contenta-se com o ritmo de vida mais lento, que lhe torna suave a convivência. [...] Frequentam-lhe o porto, perfeitamente acessível, na maior parte do ano, as embarcações que lhe movimentam o importante comércio, mantido pela exportação de borracha, poaia, couros, madeira, charque e importações de ferragens, tecidos, artigos de armarinho, de estiva[121].

O historiador mato-grossense também identifica em Cáceres a atividade industrial, presente nas serrarias, cujos produtos são enviados para Corumbá, nas olarias e nas usinas de açúcar. A atividade pastoril também caracteriza essa região.

O próximo núcleo urbano trabalhado pelo autor, tendo como perspectiva o ambiente pantaneiro, é Corumbá. O historiador registra que essa cidade seria irmã de Cáceres e Miranda, "também resultantes de

---
[119] A notável característica apontada pelo mapa é a organização urbana em xadrez, com os quarteirões ribeirinhos mais irregulares.
[120] CORRÊA FILHO, 1946, p. 138.
[121] CORRÊA FILHO, 1946, p. 138-139.

ato governativo ditado por conveniências político-militares" exercidas por Luís de Albuquerque, em obediência às ordens do capitão-mor João Leme do Prado, que escolheu naquele espaço ponto para "fundação de estratégico presidio militar"[122].

> Agradou-se das colinas calcáreas, que se abeiram do rio, pela direita, nas imediações do paralelo 19º e assinalou o morro de Pitas, onde o sargento-mor Marcelino Roiz Camponês mandou levantar uma grande cruz de pau de lei, em torno da qual se desenvolveria o povoado. [...] No seio dos pantanais, [...] abriu-se destarte a 21 de setembro de 1778, a clareira, onde brotaria o núcleo pioneiro, destinado a concretizar a posse para a coroa de Portugal[123].

Figura 3 – Mapa do município de Corumbá[124]

Fonte: Corrêa Filho[125]

---

[122] CORRÊA FILHO, 1946, p. 139.
[123] CORRÊA FILHO, 1946, p. 139.
[124] Os pontos indicam povoados e as principais sedes de fazendas do município. Ao norte, Corrêa Filho identifica "os campos ainda não habitados" que pertencem à fazenda Alegre. Esta, no tempo do escritor, era propriedade federal, e seu desmembramento estava em processo.
[125] CORRÊA FILHO, 1946, p. 140.

O autor escreve que, em sua fundação, a cidade se encontrava povoada por cerca de 200 pessoas, incluindo lavradores de feijão, milho e algodão. Entretanto, o crescimento desse núcleo era impedido pela proibição que Francia[126] havia imposto à navegação pelo Paraguai em seus domínios[127]. De nada lhe servia estar à beira do rio navegável, se não lhe era dado utilizar-se da excelente via natural de comunicação, obstruída a jusante pela política hermética do intratável ditador[128].

Em abril de 1856, foi firmado o Tratado de Navegação, que apenas foi interpretado após dois anos, para então ser encerrado o impedimento da navegação, abrindo novos horizontes para o desenvolvimento desse núcleo urbano[129]. Por ser um porto de parada para navios estrangeiros, o governo imperial mandou montar uma "mesa de renda". O rápido crescimento desse núcleo fez com que nessa localidade fosse estabelecido o quartel de comando da fronteira, o que atraiu ainda mais moradores. Corrêa Filho também registra a ocupação militar nesse núcleo urbano por Solano Lopez, no período da guerra (1864–1870). O historiador menciona que, encontrada sem resistência, a 3 de janeiro de 1865, após a retirada da guarnição brasileira, Corumbá passou por dias de destruição por parte das tropas paraguaias.

> Talaram-lhe os campos circunjacentes, onde carneavam sem restrições para o abastecimento de suas tropas. Saquearam-lhe os armazéns e paióis, arruinaram-lhe as roças, tomaram-lhe as embarcações utilizáveis, conduzidas para Assunção. Os habitantes que não conseguiram retirar-se em tempo, ou pereceram violentamente ou foram padecer fadário mais angustiante, arrebanhados como prisioneiros, que o regime da subnutrição e flagelos impiedosos molestavam sem cessar[130].

Encerrado o período de destruição desse núcleo urbano como cenário de guerra, Corrêa Filho documenta que o governo imperial, verificando a penúria da cidade, "franqueou-lhe o porto à importação de mercadorias

---

[126] Corrêa Filho inseriu apenas o penúltimo sobrenome desse personagem histórico que identificamos como: José Gaspar Rodriguez de Francia. Esse político paraguaio foi denominado Ditador Perpétuo da República do Paraguai em 1816 (ver: JARDIM, Wagner Cardoso. A revolução paraguaia sob o governo de José Gaspar de Francia. *Revista de História UFBA*, p. 78-94, 2017).

[127] CORRÊA FILHO, 1946, p. 141.

[128] *Ibidem*, p. 141.

[129] CORRÊA FILHO, 1946.

[130] *Ibidem*, p. 142.

de qualquer procedência". Nesse novo impulso de desenvolvimento, Corumbá chegou a ter, no ano de 1873, a "honra de servir de cabeça de comarca" durante a construção do Arsenal da Marinha em Ladário. Todo o movimento comercial da província era feito pelo porto de Corumbá, que os navios da linha Montevidéu-Corumbá, prolongada a Cuiabá, ativamente frequentavam. Esse movimento, que levou a afluírem novos moradores, embora alguns houvessem abandonado o núcleo durante o período de sua invasão, fez com que Corumbá fosse elevada à categoria de cidade em 15 de novembro de 1878, "com plano urbanístico afeiçoado ao gosto da época"[131].

> Abertas em xadrez, as ruas alinham-se lhes, retas, para o norte e nascente, quase todas sobre o dorso da colina calcárea, a cavaleiro do rio, a cuja beira apenas se encontram a Mesa de Rendas do Estado, a Alfandega, e os principais estabelecimentos comerciais e industriais. Assim aparelhada para o progresso, acolheu, em 1908, a Comissão de Engenheiros da E. F. Itapura-Corumbá, que se encarregava dos trabalhos construtivos pela extremidade mato-grossense. As transações comerciais derivadas do magno empreendimento engrandeceram-lhe a economia, que sofreu inevitável depressão, após a inauguração da extensa via férrea[132].

A estrada de ferro abre novo cenário no estado, conseguindo deslocar do porto corumbaense grande parte da importação, que, em vez de subir o rio, concentrava-se nos vagões de carga da linha férrea. Apesar do duro golpe que Corumbá sofreu em seu desenvolvimento, Corrêa Filho escreve que a cidade possuía elementos de sustentação de "uma vida própria", como as fazendas pastoris, charqueadas e indústrias urbanas. O historiador destaca ainda que tais atividades econômicas intensificaram as manifestações culturais desse espaço urbano, por meio de dois elementos primordiais: a imprensa e os estabelecimentos de ensino[133].

---

[131] *Idem.*
[132] CORRÊA FILHO, 1946, p. 142-143.
[133] *Ibidem*, p. 143.

Figura 4 – Planta do município de Corumbá[134]

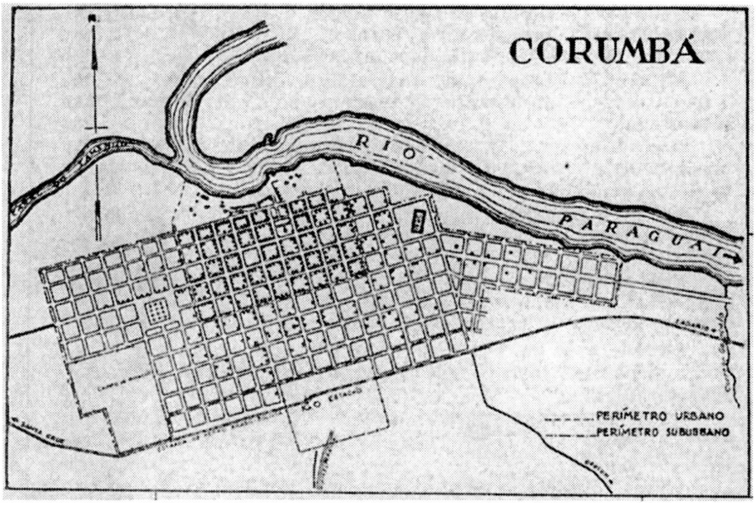

Fonte: Corrêa Filho[135]

Corrêa Filho documenta que a posterior construção da Estrada de Ferro Brasil-Bolívia proporcionou um novo incremento em seu desenvolvimento urbanístico, ao propiciar um excelente porto de chegada para importações[136]. Além disso, passada a crise financeira de 1929, que o escritor registra ter ocasionado a derrocada geral dos negócios, as atividades comerciais e econômicas não demoraram a retomar seu curso normal, como resultado da transformação político-econômica dessa cidade.

> Mas, recomeçara a florescer, quando a primeira turma da projetada via férrea internacional a escolheu para aí fixar o posto de comando e estação inicial, donde partiriam os trilhos em demanda de Santa Cruz de la Sierra. A cidade transfigurou-se, frequentada por adventícios de varia categoria. Animaram-se lhes sobremaneira as ruas ensolaradas, cujas casas foram disputadas por preços jamais vistos. Abarrotaram-se os Bancos de depósitos, principalmente depois da rápida valorização do gado, resultante da maior procura causada pela guerra mundial[137].

---
[134] Embora à margem do Paraguai, a cidade obedece ao traçado em xadrez, sendo recente a estação da Estrada de Ferro Brasil-Bolívia, cuja influência urbanística apenas principiou a se manifestar (Corrêa Filho, 1946, p. 143).
[135] CORRÊA FILHO, 1946, p. 143.
[136] *Ibidem*, p. 144.
[137] CORRÊA FILHO, 1946, p. 142.

Portanto, o historiador registra um período de grande desenvolvimento e consequente transformação da cidade pantaneira de Corumbá, em razão da chegada da linha férrea internacional, que converteu esse espaço urbano em um local frequentado por estrangeiros e negociantes interessados na valorização da atividade pecuarista.

Figura 5 – Registro da Rua Lamare na cidade de Corumbá[138]

Fonte: Corrêa Filho[139]

Figura 6 – Avenida Cândido Mariano, no município de Corumbá[140]

Fonte: Corrêa Filho[141]

---

[138] Observa-se o aspecto de desenvolvimento representado pelo automóvel, estrutura pública de energia e a fachada das prováveis casas comerciais.
[139] CORRÊA FILHO, 1946, p. 144.
[140] A imagem retrata a avenida, que possui edificações apenas de um lado, pois à direita inicia-se o gradil que se estende até a beira do rio Paraguai. Destaca-se o corredor de palmeiras que se desenrola pelo trajeto da avenida.
[141] CORRÊA FILHO, 1946, p. 144.

O sexto núcleo urbano que Corrêa Filho aborda no contexto das cidades associadas ao ecossistema pantaneiro é Herculânea[142]. O historiador inicia sua exposição mencionando a região do Taquari, a qual, apesar de ser frequentada pelas populações litorâneas devido às monções que ali passavam, não desenvolveu estabelecimentos rurais. Ademais, os poucos que tentaram empreender posse na região falharam devido aos ataques indígenas. Somente depois que desistiram os guaicurus, aliados aos paiáguas, de lutar contra os sucessores dos bandeirantes, e cessaram os caiapós as suas correrias pelo planalto, tornou-se possível a ocupação do vale[143].

Em 1862, o presidente Herculano Ferreira Pena, com o auxílio de alguns poucos povoadores envolvidos na criação bovina e cavalar, promoveu a fundação do núcleo colonial de Taquari, à margem direita do rio. Corrêa Filho mais uma vez documenta a invasão de Solano Lopez nas circunvizinhanças da região. Fato que, no ano de 1865, levou "as forças componentes da coluna" destinada a expulsar os invasores a fixarem-se na localidade, promovendo o desenvolvimento das atividades comerciais. No entanto, ao contrário de Corumbá, o núcleo de Herculânea não experimentou o mesmo estímulo após o fim do conflito. Com o título de São-José-de-Herculânea, em honra ao seu fundador, ou de Coxim, adotado por longo prazo, não deixou, todavia, de progredir, embora lentamente[144].

O historiador menciona que esse núcleo populacional teve um progresso gradual, alcançando o status de distrito em 1872, tornando-se vila em 1898 e sede de comarca a partir de 1913. Mesmo estando conectada por rodovias a Campo Grande e Cuiabá, a região ainda utiliza a navegação pelo Rio Taquari para se comunicar periodicamente com o porto de Corumbá[145].

Concluindo a análise desse núcleo urbano, o historiador destaca que, apesar da notável riqueza mineral, a economia da cidade é fundamentada na produção pecuarista, contando, em 1941, com um rebanho de 180 mil cabeças.

> Embora os tributários mais conhecidos, o Jauru, o Coxim e outros, rolem as suas águas sobre leito de cascalho provadamente entremeado de ouro, diamante, safira e várias outras pedras preciosas, a economia municipal ampara-se quase inteiramente na indústria pastoril, desenvolvida,

---
[142] Atualmente, esse município é denominado Coxim e está situado ao norte do estado do Mato Grosso do Sul.
[143] CORRÊA FILHO, 1946, p. 142.
[144] CORRÊA FILHO, 1946, p. 145.
[145] *Idem*.

> assim nos seus campos de planalto, como também na faixa distendida pelos pantanais, onde vive boa parte das 180.000 cabeças acusadas no computo de 1941, que lhes atribuiu o valor de Cr$ 32 400 000,00[146].

Em relação à cidade de Miranda, o intelectual cuiabano enfatiza que ela emergiu como uma ocupação estratégica, configurando-se como um reduto militar necessário para resguardar uma região propensa a invasões. O capitão general Caetano Pinto de Miranda Montenegro, atento à importância estratégica, determinou a fundação de um presídio, inspirado no modelo do Forte Coimbra. Assim, originou-se o núcleo que tomou o sobrenome do capitão general.

> Posto que edificado em posição topográfica desfavorável, que lhe refrearia o desenvolvimento, o posto militar converteu-se, por Lei provincial de 1835, em freguesia e foi-se desenvolvendo até que, em 1859, condenado pelas comissões de engenheiros, que lhe increparam a carência de valor estratégico, deixou de abrigar o comando do distrito, nessa ocasião transferido para Nioaque[147].

O historiador menciona que Miranda persistiu como vila, título obtido em 1857. Esse núcleo urbano também padeceu, assim como todas as localidades do sul, com "os horrores do domínio lopezino". Após o conflito, Miranda retomou seu desenvolvimento, ainda que de forma lenta, impulsionada pela indústria pastoril. No entanto, o desmembramento de várias regiões de seu domínio, que se tornaram "novas comarcas", acabou por diminuir a sua importância[148].

Segundo Corrêa Filho, o comércio de Miranda dependia inteiramente de Corumbá; do porto corumbaense partiam "as lanchas e chatas" que abasteciam a vila[149].

> Modernamente, essa via de comunicação acha-se praticamente abandonada, desde que a E. F. Noroeste do Brasil abriu ao tráfego a extensa linha, pela qual seguem as mercadorias paulistas, além das que são descarregadas em Porto-Esperança, pelos navios procedentes do rio da Prata[150].

---

[146] *Idem.*
[147] *Ibidem*, p. 146.
[148] CORRÊA FILHO, 1946, p. 146.
[149] *Idem.*
[150] *Ibidem*, p. 148.

Figura 7 – A planta do município de Miranda[151]

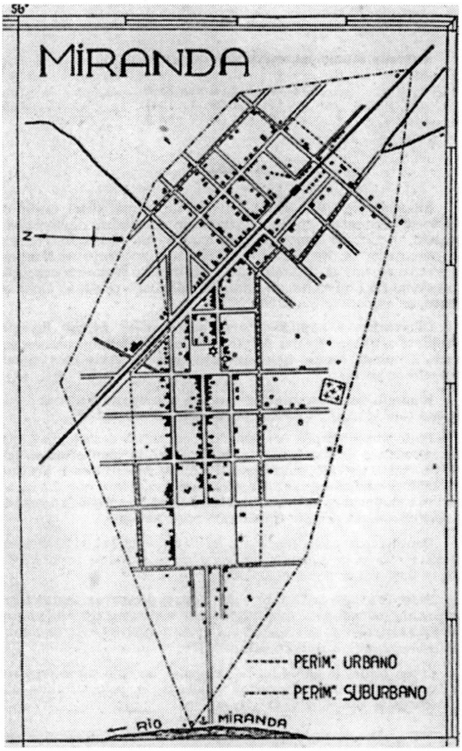

Fonte: Corrêa Filho[152]

No que diz respeito à cidade de Aquidauana, Corrêa Filho escreve que essa é a "cidade mais interessante" do vale do Miranda, pois não resultou de ordem militar, nem mesmo da expansão natural de núcleo preexistente, mas sim do acordo de "fazendeiros dos arredores, que julgaram conveniente substituir a navegação do Miranda" pelo galho oriental denominado Aquidauana[153].

Os fazendeiros reunidos fundaram esse povoado em 1893 para facilitar a comunicação entre eles. A escolha do local, motivada pela conveniência econômica e administrativa desse núcleo, justifica o seu rápido desenvolvimento.

---
[151] Esse município, primeiramente desenvolvido nas proximidades do rio, cujas alagações não alcançavam o território, foi cortado pela Estrada de Ferro Noroeste do Brasil, ao longo da qual se expandiu.
[152] CORRÊA FILHO, 1946, p. 147.
[153] CORRÊA FILHO, 1946, p. 148.

> E assim, a montante das ruinas de Xerez, cerca de duas léguas, ainda na margem direita do rio, cujos encantos naturais o visconde de Taunay enalteceu, edificaram-se as primeiras casas. A navegação do rio Aquidauana, por onde se canalizou o maior volume do movimento comercial, na primeira fase, propiciou-lhe notável surto. A lancha 'Santa Delfina', do coronel Francisco Alves Correa, em frequentes viagens, garantia-lhe, então, a regularidade estimulante do intercâmbio[154].

Após a construção da Estrada de Ferro Noroeste do Brasil, esse povoado não teve seu desenvolvimento afetado negativamente, pelo contrário, foi impulsionado. Isso se deve à instalação de uma oficina de reparos do material rodante na região. Portanto, identificamos que Corrêa Filho caracterizou a história dessa cidade como "interessante", devido ao seu progressivo e contínuo desenvolvimento administrativo e judiciário.

> Distrito policial em 1897, de paz no seguinte ano, já em 1907 se constituiu em termo judiciário. Comarca desde 1910, recebeu as insígnias de cidade por Lei de 16 de julho de 1918. A circulação de mercadorias que se fazia de comum pelo rio, navegável por pequenas embarcações de vapor, e pelas rústicas estradas de rodagem, frequentadas pelas carretas que se internavam, campanha adentro, pratica-se modernamente pela via férrea e pelos auto-caminhões, que transitam em rodovias para Miranda, Nioaque, Bela-Vista e localidades interjacentes[155].

O historiador conclui a seção dedicada a essa cidade historicizando o processo de crescimento do núcleo populacional de Aquidauana e seu imperativo desenvolvimento, inicialmente impulsionado pela conveniência percebida pelos fazendeiros em estabelecer naquela localidade um núcleo de povoamento que facilitasse a comunicação entre as fazendas no fim do século XIX.

---

[154] *Idem*.
[155] *Ibidem*, p. 149.

Figura 8 – Estação da Estrada de Ferro Noroeste do Brasil em Aquidauana[156]

Fonte: Corrêa Filho[157]

Figura 9 – Edifício da Câmara Municipal de Aquidauana

Fonte: Corrêa Filho[158]

---

[156] O surgimento desse posto de manutenção na cidade significou um impulso para o seu desenvolvimento.
[157] CORRÊA FILHO, 1946, p. 148-149.
[158] *Idem.*

A próxima cidade trabalhada é Nioaque. O historiador escreve que, possuidor de latifúndios descomunais em Mato Grosso, o barão de Antonina planejava ligá-los às suas propriedades no Paraná.

> Por sua ordem, sertanistas resolutos seguiram pelo Tibaji, Paranapanema, Paraná, Ivinhema, Brilhante, onde fundaram o porto de São José de Monte Alegre. Cruzaram, em seguida, o divisor, percorrido em varadouro de cerca de nove léguas, e em sítio que se lhes afigurou propício, abriram, à margem do Nioaque, afluente do Miranda, o núcleo denominado São-João-de-Antonina, que abrigaria as embarcações destinadas a trafegar até Corumbá[159].

Contudo, ainda que mal apropriada ao trânsito intenso, pela nova estrada, em 1856, chegaram a Miranda, procedentes do litoral, o comandante das armas de Mato Grosso e o segundo batalhão de artilharia a pé. Corrêa Filho descreve que, antes do aumento do fluxo de pessoas por essa via, a abertura da navegação do rio Paraguai causara o abandono do núcleo de povoamento em Nioaque[160].

Até 1859, a região recebeu o quartel de comando do distrito de Miranda e do corpo de cavalaria. Durante a invasão de Solano Lopez, Nioaque foi ocupada, incendiada e destruída. Corrêa Filho documenta o retorno do comando militar do distrito, que, após cinco anos, batizou a cidade como Santa Rita de Levergeria, nome que não se manteve, sendo restaurado o nome de Nioaque em 1890. Localizada na encosta ocidental da Serra de Amambai, à margem direita do rio Nioaque, essa colônia militar prosperou até que a Estrada de Ferro Noroeste do Brasil, ao passar por cidades como Miranda, Aquidauana e Campo Grande, deslocou significativa parte da população de Nioaque. Apesar disso, o município permaneceu, mantendo grande parte de sua riqueza vinculada à economia das fazendas de gado que utilizam os campos criadores desse núcleo citadino[161].

O último núcleo urbano abordado por Corrêa Filho, no contexto de uma cidade vinculada à economia pantaneira, é Porto Murtinho. O historiador relata que a fundação desse núcleo de povoamento teve origem na escolha do engenheiro Antônio Correia da Costa, enquanto chefiava o "Banco Rio e Mato Grosso", que buscava um local apropriado para o futuro porto de exportação, reunindo a colheita dos produtos dos ervais

---

[159] CORRÊA FILHO, 1946, p. 150.
[160] Idem.
[161] Idem.

mato-grossenses. Para esse propósito, Antônio Correia da Costa adquiriu a fazenda pastoril chamada Três Barras, localizada à margem esquerda do Paraguai[162].

Figura 10 – Planta da cidade de Porto Murtinho[163]

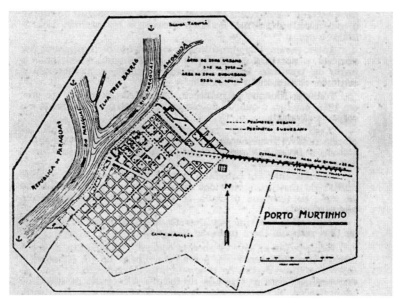

Fonte: Corrêa Filho[164]

Logo, o engenheiro Antônio Correia da Costa mandou traçar as primeiras ruas, mesmo que apenas com os alojamentos dos numerosos trabalhadores da empresa dos ervais, para ocupar o seu traçado. Seu fundador escolheu o nome de Porto Murtinho em homenagem a D. Joaquim Murtinho, então presidente do banco que tomava conta desse empreendimento. Corrêa Filho escreve:

> Dentro em pouco, tornou-se necessária a construção da ferrovia, de 22 quilômetros, através dos pantanais, até São-Roque, aonde chegavam as centenas de carretas portadoras da erva mate do alto dos vales do Brilhante e Dourados, que regressavam carregadas de mercadorias para os fazendeiros

---

[162] *Ibidem*, p. 151.
[163] Essa cidade, que margeia o Rio Paraguai, aberta em xadrez, não se deixou influenciar pela Estrada de Ferro São Roque, que apenas se desenvolve por 22 km.
[164] CORRÊA FILHO, 1946, p. 151.

> serranos. Antes que a Empresa, devastados os ervais mais próximos, transferisse o escoadouro de sua produção para Guaíra, no rio Paraná, o povoado cresceu de contínuo, a ponto de ser aí inaugurada festivamente, a 4 de maio de 1898, promissora Mesa de Rendas Federais[165].

O historiador encerra a abordagem sobre Porto Murtinho destacando que a indústria pastoril é a principal atividade do município, "que abastece de reses o importante saladeiro montado nas imediações". Além disso, Corrêa Filho aponta que contemporaneamente duas empresas operam nessa cidade, processando cerca de 12 toneladas de tanino diariamente, "extraído dos opulentos quebrachais do município"[166].

****

Partindo para as considerações finais deste capítulo, nota-se que as cidades mato-grossenses, mesmo que ainda em pequenos embriões de exibição da modernidade, comparadas às cidades do Brasil litoral, funcionam como representações do território do estado como um espaço ocupado pelos modos de vida urbanos. Nesse contexto, a *cuiabanidade*, a narrativa biográfica dos notáveis defensores das fronteiras e a documentação da história do desenvolvimento das cidades pantaneiras destacam-se como elementos essenciais que Corrêa Filho incorporou à identidade do estado.

Nesse sentido, cabe tensionar o núcleo da ideia de *cuiabanidade*, que emerge como uma expressão intrínseca à identidade regional, capturando a essência cultural, histórica e social que distingue e sintetiza o espaço mato-grossense sob a óptica de Corrêa Filho. Mediante sua abordagem historiográfica, o intelectual delineia o território do estado como áreas marcadas pela existência de tecido urbano.

Portanto, a análise da historiografia desenvolvida por Virgílio Corrêa Filho explicita a reconfiguração histórica promovida pelo autor por meio de sua produção. Corrêa Filho estabeleceu um passado grandioso para o estado do Mato Grosso, destacando o desenvolvimento de espaços urbanos mesmo em regiões consideradas remotas, e ressaltou a riqueza e permanência da cultura humana em contraposição às representações estigmatizadas de uma região isolada e inacessível à civilização e ao

---

[165] *Ibidem*, p. 152.
[166] *Idem*.

progresso. Por meio do reconhecimento das cidades pantaneiras, o historiador projetou o desenvolvimento do estado e reafirmou a presença urbana e humana como elemento central nesse processo.

Referências

AMADO, Janaína. Região, sertão, nação. *Estudos históricos*, Rio de Janeiro, v. 8, n. 15, p. 145-151, 1995. Disponível em: http://bibliotecadigital.fgv.br/ojs/index.php/reh/article/view/1990/1129. Acesso em: 18 set. 2024.

AMEDI, Nathália da Costa. *A invenção da capital eterna:* discursos sensíveis sobre a modernização de Cuiabá no período pós-divisão do Estado de Mato Grosso (1977-1985). [e-book]. Cuiabá: EdUFMT Digital, 2021.

BENJAMIN, Walter. Sobre o conceito de História. *In:* BENJAMIN, Walter. *Magia e técnica, arte e política:* ensaios sobre literatura e história da cultura. São Paulo: Brasiliense, 1994, p. 222-232.

BRESCIANI, Stella. Metrópoles: as faces do monstro urbano (as cidades no século XIX): Sanitarismo e configuração do Espaço Urbano. *In:* BRESCIANI, Stella. *Da cidade e do urbano:* experiências, sensibilidades, projetos. São Paulo: Alameda, 2018, p. 87-129.

CALVINO, Italo. *As cidades invisíveis*. São Paulo: Companhia das Letras, 1990.

CERDÁ, Ildefonso. *Teoría General de la Urbanización, y aplicación de sus principios y doctrinas a la Reforma y Ensanche de Barcelona*. Madri: Imprenta Española, 1867.

CHOAY, Françoise. Uma nova figura em preparação: derivas e desconstrução; A Teoria do Urbanismo. *In:* CHOAY, Françoise *A regra e o modelo:* sobre a teoria da arquitetura e do urbanismo. São Paulo: Perspectiva, 1985, p. 241-306.

CORRÊA, Valmir Batista. *Coronéis e bandidos em Mato Grosso* (1889-1943). Campo Grande: Editora da UFMS, 1995.

CORRÊA, Valmir Batista. Fronteira Oeste. 2. ed. Campo Grande, Ed.Uniderp, 2005.

CORRÊA FILHO, Virgílio. *Mato Grosso*. Rio de Janeiro: Co-editora Brasílica, 1922.

CORRÊA FILHO, Virgílio. *Luiz de Albuquerque* – Fronteiro insigne. Rio de Janeiro: Imprensa Nacional, 1941.

CORRÊA FILHO, Virgílio. *Pantanais matogrossenses* (devassamento e ocupação). Rio de Janeiro: Biblioteca Geográfica Brasileira, 1946.

FRANCO, Gilmara Yoshihara. *O binóculo e a pena:* a construção da identidade mato-grossense sob a ótica virgiliana: 1920-1940. Dourados: Editora da UFGD, 2009.

GALETTI, Lylia da Silva Guedes. *Nos confins da civilização:* sertão, fronteira e identidade nas representações sobre Mato Grosso. 2000. Tese (Doutorado em História) – Universidade de São Paulo, São Paulo, 2000.

GALETTI, Lylia da Silva Guedes. *Sertão, fronteira, Brasil:* imagens de Mato Grosso no mapa da civilização. Cuiabá: Entrelinhas/EDUFMT, 2012.

HOLANDA, Sérgio Buarque de. *Raízes do Brasil.* Rio de Janeiro: José Olympio, 1936.

JARDIM, Wagner Cardoso. A revolução paraguaia sob o governo de José Gaspar de Francia. *Revista de História UFBA,* p. 78-94, 2017.

LE CORBUSIER. Primeira Parte (Debate geral). *In:* LE CORBUSIER. *Urbanismo.* 2. ed. São Paulo: Martins Fontes, 2000, p. 5-147.

LIMA, Nísia Trindade. *Um sertão chamado Brasil:* intelectuais, sertanejos e imaginação social. Tese (Doutorado em Sociologia) – Instituto Universitário de Pesquisas do Rio de Janeiro - Iuperj, Rio de Janeiro, 1997.

PÓVOAS, Lenine. *Cuiabanidade.* Cuiabá: [s. n.], 1987.

ROLNIK, Raquel. Apresentação. Os sem-lugar ou a crise global de insegurança da posse. *In:* ROLNIK, Raquel. *Guerra dos Lugares.* A colonização da terra e a moradia na era das finanças. São Paulo: Boitempo, 2019.

CAPÍTULO 4

ESPAÇOS NARRADOS: MODERNIDADE URBANA E IDENTIDADE CULTURAL NO RIO DE JANEIRO E EM SÃO PAULO

Laura de Souza Cury
Amílcar Torrão Filho

Introdução

Este texto visa explorar a interação entre a arquitetura moderna, a fotografia e as narrativas culturais urbanas nas cidades do Rio de Janeiro e São Paulo. Especificamente, busca-se compreender como a arquitetura moderna, por meio de suas formas, funções e simbolismos, entrelaça-se com a representação fotográfica para expressar e mesmo moldar identidades específicas dessas metrópoles. No Brasil de meados do século XX, a arquitetura moderna não apenas redefiniu o espaço físico urbano, mas também atuou como uma poderosa ferramenta de narrativa cultural. As representações fotográficas dessas estruturas arquitetônicas, por sua vez, desempenham um papel crucial na disseminação, interpretação e fixação de narrativas no imaginário coletivo.

O objetivo do texto é desvendar como, especificamente no contexto brasileiro (no sudeste brasileiro), essas interações contribuíram para a construção de uma identidade nacional projetada, refletida e idealizada através do prisma da modernidade urbana. Essa investigação se concentra na análise da representação fotográfica de projetos arquitetônicos emblemáticos, procurando elucidar o papel significativo da modernidade arquitetônica que vai além de sua função prática ao posicionar-se como um meio expressivo de contar histórias e aspirações.

Nesse sentido, a intersecção entre arquitetura e fotografia é considerada não somente como um diálogo entre forma e imagem, mas também como um campo fértil para a construção e expressão de identidades.

Ao examinar como essas narrativas são criadas e perpetuadas — e, por vezes, contestadas —, o capítulo propõe contribuir para uma compreensão mais profunda das dinâmicas culturais que definem o Rio de Janeiro e São Paulo como as principais metrópoles brasileiras. Essa abordagem não apenas lança luz sobre a influência decisiva da arquitetura moderna e de suas imagens na formação de um Brasil que aspirou à modernização, mas também reflete sobre como esses espaços e suas representações atuam como protagonistas na criação de narrativas de progresso, renovação e identidade em um contexto urbano em constante transformação.

A escolha do Rio de Janeiro e São Paulo como estudos de caso para a análise da interação entre arquitetura moderna, fotografia e narrativas culturais urbanas justifica-se pela relevância histórica, cultural e arquitetônica dessas metrópoles no contexto brasileiro. Ambas as cidades emergiram como cenários privilegiados da modernidade no Brasil, sendo palco de transformações urbanas significativas e experimentações arquitetônicas que refletiram e moldaram visões de progresso e identidade cultural nas décadas centrais do século XX. No Rio de Janeiro, projetos como o Ministério da Educação e Saúde (MES) destacam-se como ícones da arquitetura moderna, cujas formas e simbolismos foram amplamente disseminados e celebrados por meio da fotografia, contribuindo para a construção de uma imagem de modernidade associada à cidade.

São Paulo, por sua vez, com obras emblemáticas como o Edifício Copan e o Parque Ibirapuera, por exemplo, oferece outro panorama rico para a investigação da modernidade arquitetônica e suas representações. A cidade, reconhecida como um importante centro industrial e financeiro, expressa em sua arquitetura e seus espaços urbanos a dinâmica de inovação e a busca por uma identidade moderna que caracterizaram o Brasil no período.

A metodologia adotada para a análise das representações fotográficas e arquitetônicas nas cidades do Rio de Janeiro e São Paulo baseia-se na leitura de imagens fotográficas que foram publicadas na mídia impressa da época e se utiliza de uma abordagem interdisciplinar, que entrelaça a história da arquitetura, fotografia e estudos culturais. Essa metodologia visa desvendar as complexas relações entre forma arquitetônica, imagem fotográfica e narrativa cultural, considerando a fotografia não apenas como um registro documental, mas também como um ato de interpretação que participa ativamente na construção de significados.

Para tanto, foi realizada a análise de fotografias selecionadas de projetos arquitetônicos emblemáticos, também selecionados, explorando como essas imagens circularam em diferentes meios (revistas especializadas, exposições, catálogos) e contribuíram para moldar a percepção pública desses espaços.

Esta análise busca contribuir para um entendimento mais aprofundado da dinâmica entre arquitetura, fotografia e cultura urbana, enfatizando o papel das imagens na modelagem de espaços urbanos e na definição de identidades culturais em um contexto brasileiro.

Contextualização teórica e histórica

A modernidade urbana no Brasil, principalmente em seu contexto representacional, reflete influências internacionais e adaptações locais, emergindo como um campo fértil para estudos interdisciplinares sobre arquitetura, urbanismo e identidade cultural. Iniciada, grosso modo, no século XX, essa modernidade foi catalisada por um movimento que buscava romper com os paradigmas coloniais e desenvolver uma linguagem arquitetônica e urbanística que respondesse às necessidades sociais e econômicas emergentes do país.

A introdução do modernismo no Brasil é muitas vezes associada à Semana de Arte Moderna de 1922, que, embora mais focada nas artes plásticas e na literatura, também sinalizou uma ruptura nas abordagens arquitetônicas e urbanísticas, promovendo uma nova estética que enfatizava a funcionalidade e a forma simplificada, mas que exibisse especificidades típicas. O movimento antropofágico vinculava a apropriação da cultura (moderna) estrangeira à ideia do canibalismo, devorando as inspirações vindas de fora para depois regurgitar algo específico e próprio. No caso da arquitetura, tratou-se de uma adaptação internacionalista, com forte influência de Le Corbusier, principalmente enquanto consultor para a construção do MES, comumente considerado pela historiografia como o primeiro edifício moderno brasileiro. Nesse caso icônico, a equipe brasileira já colocou importantes adaptações que viriam a marcar a produção local.

A arquitetura e o urbanismo modernos no Brasil, portanto, não podem ser compreendidos sem considerar a dialética entre inovação e tradição, entre a estética internacionalista e as condições locais. A implementação de grandes projetos urbanos frequentemente enfrentava o desafio de equilibrar esses ideais modernistas com a realidade das desigualdades sociais, da geografia e das condições específicas do Brasil. O modernismo tropicalizado passava a ser utilizado para anunciar a modernização do país.

O termo "modernismo tropical" consolidou-se na literatura sobre arquitetura brasileira do período, originalmente empregado por William Curtis para descrever a interpretação de Le Corbusier da arquitetura moderna brasileira[167], mas também por pesquisadores como Aleca Le Blanc em seu artigo "Pilotis e Palmeiras"[168], e Nancy Stepan, como título de um capítulo sobre Roberto Burle Marx no livro *Picturing Tropical Nature*[169]. A valorização do elemento tropical na criação de uma linguagem internacionalista, porém com características locais, tornou-se um tema recorrente entre os analistas da arquitetura moderna brasileira, especialmente na análise das obras de Niemeyer.

Durante as décadas subsequentes, essa visão foi incorporada em diversos projetos e planos urbanos, culminando com a construção de Brasília na década de 1960, concebida como um símbolo da modernidade e progresso nacionais. O plano piloto de Lúcio Costa, junto aos edifícios icônicos de Oscar Niemeyer, demonstrou os princípios do modernismo aplicados numa escala urbana, propondo uma cidade que tanto simbolizava a ordem e o progresso quanto enfrentava críticas por suas repercussões sociais e sua desconexão com o contexto brasileiro mais amplo. O uso dessas ideias em outras metrópoles brasileiras refletiu uma variedade de respostas locais à modernidade, cada uma adaptando os princípios modernistas a seus próprios contextos econômicos, sociais e ambientais[170].

Em meados do século XX, a colaboração entre arquitetos e fotógrafos foi crucial para promover e legitimar a arquitetura brasileira. Fotografias publicadas em mídia impressa permitiram que obras arquitetônicas fossem conhecidas e reconhecidas tanto nacional quanto internacionalmente. Os fotógrafos, reconhecendo o impacto de suas imagens, utilizaram-nas para

---

[167] CURTIS, William J R. Moderno. *Arquitetura desde 1900*. Phaidon, Londres, 1996.
[168] LE BLANC, Aleca. Palmeiras and Pilotis: Promoting Brazil with Modern Architecture. *Third Text*, v. 26, n. 1, p. 103-116, 2012.
[169] STEPAN, Nancy Leys. *Picturing Tropical Nature*. Ithaca, NY: Cornell University Press, 2001.
[170] CURY, Laura de Souza. *Imagens e imaginários*: a criação da visão hegemônica de arquitetura moderna no Brasil. Tese (Doutorado em História Social) – Pontifícia Universidade Católica de São Paulo, São Paulo, 2022.

difundir e moldar a percepção da arquitetura moderna brasileira. Assim, a fotografia desempenhou um papel central não apenas na promoção, mas também na interação recíproca com a arquitetura, que buscava se destacar e integrar uma cultura visual icônica[171].

Essa visibilidade fotográfica, ao destacar cidades e estruturas arquitetônicas brasileiras, incluindo seus aspectos simbólicos como ângulos e estilos, serviu aos interesses de arquitetos e líderes nacionais ao projetar uma imagem pública idealizada de renovação cultural, modernidade e progresso. O objetivo era projetar cidades notáveis e inspiradoras, contribuindo para a formação de uma imagem generalizada e sintética comum a certos grupos. Portanto, a imagem macrourbana, composta de várias outras, fixa valores e ideologias, incentivando um modo específico de pensar e agir que reflete os valores representados[172].

Ao possibilitar mais repercussão de cidades e obras, a fotografia atua como mola propulsora para a formação e para o fortalecimento de determinados imaginários. As imagens contribuem para a constituição de identidades específicas, criando uma noção de paisagem, no caso urbana — ela própria uma maneira de analisar e de representar o espaço (analogamente à fotografia, que também enquadra e gera símbolos) —, fundamental para a criação de uma identidade moderna para o Brasil.

A modernidade arquitetônica brasileira era marcada pela utopia de uma projeção para o futuro, refletindo uma rejeição ao passado considerado atrasado, associado à ruralidade e ao subdesenvolvimento do país, enquanto o presente ainda se mostrava insuficiente. O foco estava no futuro, um tempo moderno por excelência. A ideia de que o Brasil é "o país do futuro" é amplamente reconhecida; Nancy Stepan descreve o Brasil como "a terra mais antiga do futuro"[173]. Essa noção foi popularizada por Stefan Zweig em 1941, com a publicação de seu livro de memórias, *Brasil: País do Futuro*[174]. Ainda que Zweig possa ter sido influenciado pelo regime de Vargas para retratar o país de maneira positiva, descrevendo-o como "enérgico, exótico e emocionante", é indiscutível que ele encontrou aspectos vibrantes para relatar. A emergente cultura arquitetônica

---

[171] CURY, 2022; CURY, Laura de Souza. *O Parque Ibirapuera e a construção da imagem de um Brasil moderno*. 2016. Dissertação (Mestrado em História) – Pontifícia Universidade Católica de São Paulo, São Paulo, 2016.
[172] FERRARA, Lucrecia D'Alessio. *Os significados urbanos*. São Paulo: Editora da Universidade de São Paulo – FAPESP, 2000.
[173] STEPAN, 2001, p. 211.
[174] ZWEIG, Stefan. *Brasil*: País do Futuro. Londres: [s. n.], 1942.

moderna, que parecia brotar *ex nihilo*, e os projetos de desenvolvimento e industrialização vinculados a essa arquitetura fortaleciam o argumento de Zweig sobre o Brasil como um projeto de futuro, em contraste com a velha Europa.

Nesse contexto, o historiador Richard Williams argumenta que não seria exagero considerar o Brasil como o país mais moderno do mundo na época. Segundo ele, isso não significava que o Brasil era o mais desenvolvido ou o mais avançado socialmente — de fato, em muitos aspectos pouco havia mudado desde o período colonial —, mas era o país que mais completamente adotava a ideia de modernidade, aspirando a redefinir-se nessa imagem[175].

Essa projeção para o futuro não se manifestava apenas no transcurso do tempo, mas também no espaço físico e no contexto das representações simbólicas. As intervenções arquitetônicas e urbanísticas e suas representações fotográficas tiveram um papel fundamental na criação de uma imagem alinhada com o projeto nacional que se buscava construir. Nesse sentido, é fundamental analisar as duas maiores cidades brasileiras: Rio de Janeiro, a capital, a qual Brasília foi construída para substituir, e São Paulo, "a locomotiva do Brasil", cujos recursos financeiros crescentes contribuíam para essa almejada modernização.

Estudos de caso: Rio de Janeiro e São Paulo

> Muito antes do advento do governo Vargas, em 1930, apareceram no Brasil os primeiros ensaios de arquitetura moderna. De início modesto, coincidindo o movimento com uma verdadeira febre de construções, generalizou-se rapidamente. Quase que da noite para o dia, mudaram-se as feições de grandes cidades como Rio e São Paulo, onde a novidade tivera o acolhimento mais entusiástico. Nem Detroit nem Houston poderão apostar carreira de crescimento com São Paulo e Rio de Janeiro.
> (Goodwin, 1943)[176]

As cidades do Rio de Janeiro e São Paulo desenvolveram-se como centros urbanos sem planejamento estratégico prévio, evoluindo espontaneamente em resposta a fatores econômicos e socioculturais. A ausência de

---
[175] WILLIAMS, Richard J. *Brazil*. Modern Architectures in History. Londres: Reaktion Books, 2009.
[176] GOODWIN, Philip. *Brazil Builds* – Architecture New and Old 1652 – 1942. New York: Museum of Modern Art, MoMa, 1943, p. 95.

um plano urbano organizado permitiu que a expansão dessas metrópoles fosse amplamente influenciada pela especulação imobiliária, resultando em áreas urbanas desconexas e desordenadas. Em ambas as cidades, a necessidade de verticalização e os desafios de preservação patrimonial destacam a tensão entre o antigo e o moderno, refletindo-se em uma paisagem urbana caracterizada por adaptações, assimilações e ambiguidades.

Na disputa pela hegemonia cultural e econômica do Brasil, São Paulo e Rio de Janeiro destacam-se não apenas por seu tamanho e prosperidade, mas também pela rivalidade histórica que definiu suas identidades únicas. O Rio de Janeiro, antiga capital do país, sempre foi reconhecido como um símbolo de glamour e cultura. Por outro lado, São Paulo, percebida como um epicentro de indústria e finanças, vinha redefinindo sua paisagem urbana e cultural, buscando posicionar-se ao lado de outras metrópoles internacionais renomadas.

O embate entre as escolas de arquitetura de São Paulo e do Rio de Janeiro destaca uma dinâmica complexa de influências e divergências que moldaram a arquitetura moderna brasileira. A escola carioca, associada a arquitetos renomados como Oscar Niemeyer, ganhou destaque nos anos 1940 e 1950 ao adotar elementos modernos que incorporavam características regionais (o tal "modernismo tropicalizado"), promovendo-os como um estilo brasileiro autêntico, conhecido como *Brazilian style*. Esse reconhecimento, no entanto, foi contestado por arquitetos paulistas, que criticaram a representação predominante da arquitetura carioca em publicações influentes, como o livro-catálogo *Brazil Builds*[177].

Paralelamente, a escola paulista, associada a figuras como Vilanova Artigas, focou na técnica construtiva e se desenvolveu em torno de um grupo de arquitetos em São Paulo. Essa escola valorizou a contribuição pioneira de Warchavchik e eventos como a Semana de Arte Moderna, sustentando as reivindicações paulistas sobre a importância de suas inovações arquitetônicas. Apesar das divergências, historiadores como Yves Bruand reconhecem tanto a influência da escola paulista quanto a relevância contínua da escola carioca na evolução da arquitetura moderna no Brasil[178].

Embora o estilo de obras nos eixos Rio de Janeiro e São Paulo tenha gerado certa tensão, essa concentração e distribuição ainda

---
[177] GOODWIN, 1943.
[178] BRUAND, Yves. *Arquitetura Contemporânea no Brasil*. São Paulo: Perspectiva, 1981.

é considerada a narrativa canônica na historiografia da arquitetura moderna no país, com um foco predominante na escola carioca, principalmente no âmbito internacional. Apesar da pluralidade de obras significativas em outras cidades brasileiras, a ênfase nessas duas metrópoles não é totalmente injustificada (ainda que possa ser reducionista), uma vez que elas são as cidades mais ricas e populosas do Brasil, com mais recursos para investir em construções de grande porte. As construções nessas cidades foram fundamentais na definição da imagem da arquitetura moderna brasileira, tanto localmente quanto internacionalmente. Elas figuraram em páginas de livros, revistas e catálogos, desempenhando um papel crucial na cristalização e reiteração de certas imagens para o público.

Rio de Janeiro

O Rio de Janeiro se destaca no cenário global não apenas por sua arquitetura icônica, mas predominantemente por sua topografia única e paisagens naturais exuberantes, contrastando com cidades como Paris e Nova York, que são identificadas por construções específicas como a Torre Eiffel e a Estátua da Liberdade, por exemplo. A cidade do Rio é visualmente dominada por marcos naturais como montanhas e praias, com obras como o Cristo Redentor e o Museu de Arte Contemporânea (MAC) de Niterói exemplificando como mesmo as estruturas criadas pelo homem são realçadas e definidas por seus contextos naturais. O calçadão de Copacabana, outro símbolo da cidade, reforça essa identidade com sua localização à beira-mar, complementando sua estética e atraindo reconhecimento global.

Essa imagem de natureza, combinada com elementos da arquitetura moderna, como as obras de Niemeyer que harmonizam as curvas da natureza com as linhas da arquitetura, continua a moldar a representação internacional do Rio. A cidade utiliza esses atributos não apenas para promover o turismo, mas também para fortalecer seu branding como a "cidade maravilhosa", destacando-se como uma espécie de metonímia do Brasil, enfatizando uma fusão da cultura popular e erudita e um passado de capitalidade que ajuda a definir sua posição especial no contexto brasileiro.

Figura 1 – Rio de Janeiro

Fonte: *Brazil Builds*[179]

Ao sobrevoar a Baía de Guanabara, Philip Goodwin foi cativado pela vista espetacular do Rio de Janeiro, descrevendo-a como um panorama quase intacto apesar de séculos de urbanização. A cidade se apresenta como um cenário onde a natureza e a arquitetura moderna se entrelaçam, destacando-se por sua beleza dramática, amplamente documentada na obra *Brazil Builds*, do MoMA-NY[180]. A representação fotográfica de Kidder--Smith nessa obra lembra o estilo sublime, captando o contraste entre as escuras montanhas e as brilhantes praias de areia, com a cidade moderna inserida de maneira a complementar o cenário natural. As imagens ressaltam as curvas da paisagem, que foram uma fonte de inspiração para arquitetos modernos, como Niemeyer.

A revista *The Architectural Review* capturou a essência do Rio com uma fotografia aérea que enfatiza a relação harmoniosa entre a cidade e seu ambiente natural, escolhendo essa imagem para ilustrar a capa de uma edição especial dedicada ao país. O editorial descreve a baía do Rio como o "mais celebrado espetáculo do Brasil"[181], uma visão que se mantém reconhecível e esteticamente apreciada até hoje. Tais fotografias não somente destacam a beleza da paisagem carioca, mas também o dinamismo da cidade moderna, projetando o Rio de Janeiro como uma

---

[179] GOODWIN, 1943, p. 26
[180] GOODWIN, 1943.
[181] BRAZIL. *The Architectural Review*, mar. 1944. Disponível em https://www.architectural-review.com/archive/the-brazilian-style. Acesso em: 5 abr. 2021.

cidade do passado e como um vibrante centro urbano do presente e do futuro, onde a arquitetura moderna se projeta sobre as ondas do mar e se encaixa no cenário tropical. Segundo a revista, "nada de velho no Rio de Janeiro pode competir pelo nosso interesse com as belezas da Natureza, eternas e com o que há de novo e de nosso tempo. O Rio é uma cidade do presente e do futuro"[182]. Na imagem escolhida pelo editorial, a civilização é representada pela cidade moderna que aparece no primeiro plano e a paisagem do mar e das montanhas do Rio, que aparece mais ao fundo, mostra que se trata de uma cidade moderna nos trópicos.

Figura 2 – Capa do número especial dedicado ao Brasil

Fonte: *The Architectural Review*[183]

O Rio de Janeiro não se destaca apenas pela grandiosidade de sua natureza, mas também pela modernidade da sua arquitetura e pelos seus arranha-céus. Na mesma edição de 1944, *The Architectural Review* afirmou que "o que deve ser destacado [...], no entanto, é que o Rio passa por um vasto plano de reconstrução. Imponentes prédios governamentais, arranha-céus e apartamentos palacianos brotam em todos os lugares"[184].

[182] Idem.
[183] Idem.
[184] BRAZIL, 1944

Figura 3 – Vista geral da praia de Copacabana, Rio de Janeiro

Fonte: *Latin American Architecture since 1945*[185]

De maneira semelhante às montanhas que emergem do solo, analogamente, os arranha-céus pareciam brotar nas cidades. Segundo Goodwin, a presença marcante desses arranha-céus representava a principal contribuição norte-americana ao Brasil: "cinquenta grandes edifícios de cimento armado erguidos numa só cidade"[186]. Esses arranha-céus transformaram radicalmente a paisagem do centro do Rio de Janeiro e de São Paulo, assim como das praias cariocas, onde os edifícios alcançaram até quatro vezes a altura dos que os circundam.

A aproximação feita por livros e revistas, principalmente a partir da década de 1940, dos arranha-céus como símbolos do progresso industrial e da modernidade ajudaram a unir cidades díspares como Rio, Nova York e Chicago, por exemplo, sob uma mesma bandeira simbólica. Ainda em 1939, no ano da Feira de Nova York e antes de *Brazil Builds* portanto, a revista *Vogue* já tinha publicado uma fotomontagem que unia imagens de Nova York com o Rio de Janeiro.

---

[185] Imagem disponível em HITCHCOCK, Henry-Russell. Latin American Architecture Since 1945. New York: Museum of Modern Art, 1955, p. 34.
[186] GOODWIN, 1943, p. 97.

Figura 4 – Uma montagem de fotos da cidade de Nova York e do Rio de Janeiro

Fonte: *Vogue*, 1939[187]

A imagem da célebre revista estadunidense é uma colagem que une, à esquerda, uma fotografia do centro de Manhattan, marcada pela figura do Edifício Chrysler, a outra fotografia, à direita, da Baía de Guanabara, no Rio de Janeiro, marcada pelo Cristo Redentor. A fusão de imagens de duas cidades distintas em uma única é simbólica das semelhanças sendo ressaltadas entre elas e das mensagens panamericanas que influenciavam a diplomacia e a produção cultural da época, inclusive a cultura arquitetônica.

Brazil Builds também compara o Rio de Janeiro a cidades icônicas como Nova York, exaltando a criatividade e a inovação da produção arquitetônica brasileira. Destaca-se a introdução de elementos como os *brise-soleils*, inovações destinadas a mitigar o calor e os reflexos luminosos em superfícies de vidro, que, segundo Philip Goodwin, representam uma "grande contribuição para a nova arquitetura"[188].

Essa abordagem encontra sua expressão icônica no Ministério da Educação e Saúde (MES, 1937–1945), obra central na arquitetura moderna carioca e amplamente reconhecida em publicações especializadas.

---

[187] Imagem disponível em REAL, Patricio del. Building a Continent: The Idea of Latin American Architecture in the Early Postwar. op. cit., p. 453.
[188] GOODWIN, 1943, p. 84.

As imagens que destacam os elementos de controle climático, como as fachadas do MES com seus *brise-soleils*, foram amplamente divulgadas, aparecendo frequentemente em diversas revistas nacionais e internacionais. Esse edifício, em particular, foi destaque na edição "Brésil", de 1947, da revista *L'Architecture d'Aujourd'hui*, e, conforme Yves Bruand, já havia sido apresentado e elogiado em todos os principais periódicos globais da época[189], simbolizando o novo espírito nacional e as aspirações modernizadoras do governo brasileiro.

Figuras 5 e 6 – Ministério de Educação e Saúde

Fontes: *Brazil Builds*[190]; *Latin American Architecture Since 1945*, p. 32, respectivamente

Encomendado por Gustavo Capanema, o MES é considerado um marco na síntese visual do modernismo brasileiro. O projeto envolveu arquitetos como Lucio Costa, Carlos Leão, Oscar Niemeyer, Affonso Eduardo Reidy, Ernani Vasconcellos e Jorge Machado Moreira, com paisagismo de Roberto Burle Marx. O design incorpora tanto elementos do paradigma internacional de Le Corbusier quanto referências à tradição arquitetônica

[189] BRUAND, 1981.
[190] GOODWIN, 1943, p. 108.

local, como o uso de azulejos azuis e brancos, típicos da cultura portuguesa e reinterpretados por Candido Portinari, nas paredes externas. Assim, o MES conecta passado e futuro, estabelecendo-se, segundo a historiografia tradicional, como o ponto de partida em prol da afirmação e disseminação da arquitetura moderna brasileira como a expressão legítima de seu tempo[191].

Figura 7 – Ministério da Educação e Saúde Pública (Rio de Janeiro), ca. 1950

Fonte: fotografia de Marcel Gautherot – Acervo Instituto Moreira Salles

---

[191] NERY, Juliana Cardoso. *Falas e Ecos na formação da arquitetura moderna no Brasil*. Tese (Doutorado em Arquitetura e Urbanismo) – Faculdade de Arquitetura, Universidade Federal da Bahia, Salvador, 2013.

A fotografia do MES, capturada por Marcel Gautherot, oferece uma visão emblemática da arquitetura modernista brasileira. O enquadramento da imagem destaca a imponência e a estética funcional do edifício, caracterizado por linhas limpas e a utilização de *brise-soleils*, que não apenas conferem ao edifício uma textura visual rica, mas também cumprem uma função climática, protegendo os interiores do sol direto e permitindo a ventilação natural, uma inovação significativa em resposta ao clima tropical do Rio de Janeiro. A imagem retrata a transformação da paisagem urbana carioca. O ponto de vista da esquina adotado pela fotografia confere melhor visibilidade e noção de tridimensionalidade à imagem, ressaltando a geometria do edifício ao destacar seus ângulos. O ângulo da tomada da fotografia confere característica mais imponente ao edifício. A fotografia, assim, não só documenta a obra arquitetônica, mas também simboliza um período de inovação e otimismo no Brasil, refletindo a aspiração do país em moldar uma identidade moderna e progressista por meio da arquitetura, disseminada, mas também criada e reiterada pela fotografia.

Fotografias do MES, como a de Gautherot, não só simbolizam um período de inovação e otimismo no Brasil, mas antecipam uma evolução no design arquitetônico que continuaria a influenciar projetos subsequentes. Anos mais tarde, Henrique Mindlin, em *Modern Architecture in Brazil*, enfatizou essa continuidade inovadora ao discutir o Banco Boa Vista, também de autoria de Oscar Niemeyer[192]. Nesse projeto, o arquiteto aplicou soluções variadas para cada fachada do edifício, devido à sua posição de esquina. Em uma das fachadas, ele utilizou *brises* móveis de madeira, que podem ser ajustados conforme a sazonalidade e variação solar, enquanto a outra fachada, que recebe menos insolação, é predominantemente envidraçada, criando um efeito visual cativante ao refletir a imagem da Igreja da Candelária. Essa abordagem demonstra uma adaptação das técnicas de controle climático, semelhantes às implementadas no MES, mostrando a progressiva evolução da arquitetura moderna brasileira e sua resposta às peculiaridades locais.

---

[192] MINDLIN, Henrique E. *Modern Architecture in Brazil*. Rio de Janeiro: Collibris, 1956.

Figura 8 – Banco da Boa Vista

Fonte: fotografia de Marcel Gautherot. *Modern Architecture in Brazil*[193]

O reflexo da Igreja da Candelária na fachada espelhada do Banco Boa Vista também foi capturado por Gautherot, ocupando uma página inteira do livro de *Modern Architecture in Brazil*[194]. A escolha de destacar esse reflexo enfatiza a importância da arquitetura religiosa colonial, sugerindo uma conexão deliberada entre o Banco Boa Vista e um marco histórico através do seu reflexo na superfície envidraçada. Esse contraste entre o antigo e o novo, previamente valorizado por Goodwin, ressurge aqui, sublinhando a ideia de continuidade e evolução na arquitetura local. Na imagem, passado e presente se entrelaçam, criando uma visão conjunta que reforça uma narrativa de continuidade por um lado e progresso pelo outro.

---

[193] MINDLIN, 1956, p. 227.
[194] MINDLIN, 1956.

Fotografias como as de Marcel Gautherot do MES e do Banco Boa Vista desempenham um papel crucial na construção de uma imagem de modernidade e progresso no Rio de Janeiro e, por extensão, no Brasil. Capturando o contraste entre o ambiente natural e construído, entre o antigo e o novo, essas imagens não apenas documentam a evolução arquitetônica, mas também projetam uma narrativa visual que articula uma transição que reiteradamente fez parte do discurso da arquitetura moderna brasileira, principalmente em sua vertente carioca. A escolha de enquadramento das estruturas modernas não é, assim, meramente estética, mas um reflexo da declaração sobre a continuidade e a adaptação da identidade cultural brasileira em meio a uma rápida modernização. Essas representações fotográficas reforçam a percepção de que o Rio de Janeiro era, em meados do século XX, um epicentro de inovação, refletindo aspirações nacionais de progresso.

São Paulo

Diferentemente do Rio de Janeiro, que é frequentemente associado à relação entre cidade e natureza, São Paulo é conhecida pelo seu crescimento acelerado, tamanho e urbanização densa. Apesar de seu desenvolvimento, Goodwin, em *Brazil Builds*, dedicou menos atenção a São Paulo em comparação ao Rio de Janeiro, capital federal na época. Mesmo quando São Paulo já ultrapassava o Rio como o maior centro comercial do país e buscava equivalência como capital cultural, Goodwin ignorou edifícios como o Martinelli, construído em 1929 no estilo de um palácio renascentista. Esse fato pode ser atribuído ao estilo do Martinelli, que não se enquadra no modernismo típico, embora se assemelhe a vários edifícios nova-iorquinos.

Em 1944, a *The Architectural Review* observou que, ao contrário do Rio de Janeiro, onde os projetos arquitetônicos estabeleciam uma clara relação com a natureza, em São Paulo, as construções se tornaram introvertidas, com caixas de concreto voltadas para dentro e iluminação dramática no telhado[195]. Em meados da década de 1950, São Paulo se consolidou como o maior centro industrial brasileiro, gerando mais de cinquenta por cento da produção industrial do país. Essa produção catalisava a prosperidade da cidade, que passou a ser representada como a "locomotiva do Brasil", criando uma aura de admiração promovida pelos meios de comunicação de massa, que mostravam uma paisagem urbana impressionante.

---

[195] SERAPIÃO, Fernando. "Building Brazil: from the Cariocas to the Paulistas to the now." *The Architectural Review,* 4 out. 2019.

A população brasileira, especialmente a dos grandes centros urbanos como São Paulo, era sensível, portanto, ao sonho de modernização e via a industrialização como um caminho para o desenvolvimento. Na metade do século XX, o Brasil buscava um desenvolvimento autossustentado, simbolizado pela construção de Brasília em 1960. No entanto, a realidade era São Paulo[196] sendo responsável por mais da metade da produção industrial nacional e em avançado processo de conurbação, originando a "grande São Paulo".

Para requalificar e ressignificar a cidade paulista, era importante destacar a imagem do progresso e dos aspectos modernos necessários para consolidar a liderança de São Paulo no cenário nacional, ainda comandada pelo Rio de Janeiro. São Paulo se propunha a ser uma espécie de "resumo do Brasil", ou seu ponto de convergência, apresentando-se como o seu "ponto alto", tanto literal quanto figurativamente.

Essa situação resultou em uma cidade espetacular. Como observa Williams, São Paulo é um exemplo claro da definição de Guy Debord: "o capital em tal grau de acumulação a ponto de se tornar imagem"[197]. A cidade é fruto da acumulação de capital. Do topo de um arranha-céu pode-se ver o "mar – ou selva – de concreto" formado pela justaposição de edifícios que se perdem no horizonte.

Figura 9 – Vista do centro de São Paulo

Fonte: *Latin American Architecture since 1945*, 1955, p. 38

---

[196] SEVCENKO, Nicolau. Orfeu Extático na Metrópole. São Paulo: Companhia das Letras, 1992.
[197] WILLIAMS, Richard J. 2009, p. 188.

A verticalização era a principal característica de São Paulo. No final da década de 1950, Roger Bastide descreveu essa tendência como uma obsessão de "escalar o céu, de prender as nuvens aos cimos de edifícios de vinte, de trinta, de quarenta andares, dos esmagar as torres das igrejas velhas ou as chaminés longínquas das fábricas modernas sob enormes movimentos de cimento, numa obsessão de verticalidade"[198]. Essa verticalidade era vista como um símbolo visível e mensurável de progresso, associada ao desenvolvimento: quanto mais alto, melhor. Relacionava-se à imagem de poder e fazia parte do imaginário da cidade, ligada também à noção de trabalho.

Esse processo de verticalização também dizia respeito à tentativa de inserção da cidade no contexto internacional, segundo padrões principalmente norte-americanos, com seus arranha-céus. A promoção dos altos edifícios paulistas nas revistas e nos catálogos também está associada ao prestígio internacional da produção arquitetônica contemporânea, relacionada ao que era compreendido — e divulgado — como moderno.

Figuras 10 e 11 – Vista aérea da Praça da República e da Av. Ipiranga & vista aérea abrangendo a Av. 9 de julho, Vale do Anhangabaú e a parte oeste da cidade, respectivamente

Fonte: *Acrópole*[199]

As vistas aéreas do centro de São Paulo publicadas na revista *Acrópole* revelam que, vista do alto de um arranha-céu, a cidade se transforma em uma massa cinzenta, composta por edifícios de concreto de alturas variadas, assemelhando-se a um quebra-cabeça ou tetris tridimensional. Embora em

---

[198] BASTIDE, Roger. *Brasil, terra de contrastes*. São Paulo: difusão europeia do livro, 1959, p. 129.
[199] *Acrópole*, ano 13, n. 145, maio, 1950. p. 10-11.

preto e branco, essas fotografias capturam a paisagem urbana como uma única e imponente imagem imóvel e sintetizadora. O que chama atenção é o conjunto, não as obras em si. São Paulo era "a cidade que mais crescia no mundo" e, por isso, também era conhecida como "cidade fermento"[200].

Figura 12 – Edifício para escritórios na Rua Boa Vista, n.º 116

Fonte: foto de Zanella & Moscardi. *Acrópole*[201]

A imagem que se costuma ter de São Paulo é de uma grande cidade, marcada por altos prédios, como o edifício para escritórios, também publicado na *Acrópole*. Embora não seja um exemplo paradigmático da arquitetura nacional, o edifício revela uma construção moderna e sem adornos. Fotografado pela dupla Zanella & Moscardi, a partir de um ângulo *contra-plongée*, o edifício é engrandecido, conferindo-lhe monumentalidade e dramaticidade. Esse ângulo cria uma perspectiva que acentua a verticalidade do edifício. A foto em preto e branco destaca os contrastes de luz e sombra, acentuando a textura do concreto e a linearidade do design do edifício, e sugere uma cidade em constante expansão e modernização.

---

[200] BREFE, Ana C. Fonseca. *As cidades brasileiras no pós-guerra*. São Paulo: Atual, 1995.
[201] Foto de Zanella & Moscardi. *Acrópole*, 1950, p. 15.

Essa imagem de São Paulo como uma metrópole verticalizada e moderna foi reiterada ao longo do tempo, principalmente durante os festejos do IV Centenário da cidade, em 1954. O jornal *O Tempo* exemplificou essa ideia ao publicar que "em quatro séculos, São Paulo mostrou ao mundo a pujança de seu povo – floresta de chaminés disputa os céus aos gigantescos edifícios de cimento armado"[202]. Os festejos do IV Centenário foram uma oportunidade para reforçar a imagem positiva da cidade, criando uma memória seletiva que espelhava a construção hegemônica da metrópole e exaltava as simbologias desejadas pela elite, tanto para si mesma quanto para o restante do país, que deveria se inspirar na cidade para alcançar mais desenvolvimento. Nicolau Sevcenko escreveu que, para São Paulo, "era imperativo que o futuro fosse brilhante"[203].

Figura 13 – São Paulo

Fonte: *Jornal Correio Paulistano*[204]

---

[202] Matéria não assinada no jornal O Tempo, suplemento especial da comemoração do IV Centenário, São Paulo, 24.01.54, p. 17.
[203] SEVCENKO, Nicolau. Orfeu Extático na Metrópole. São Paulo: Companhia das Letras, 1992, p. 24.
[204] Jornal Correio Paulistano, 24 jan. 1954, p. 11. In: QUARENTA, Ednilson A. O Apóstolo Pregresso e as Alegorias da Fundação. Anchieta, um mito fundador no IV Centenário da Cidade de São Paulo. Tese apresentada ao Departamento de História da Faculdade de Filosofia, Letras e Ciências Humanas da Universidade de São Paulo. Disponível em: https://teses.usp.br/teses/disponiveis/8/8138/tde-09122009 115053/publico/EDNILSON_QUARENTA1.pdf.

A questão coletiva em São Paulo é complexa, pois a cidade é caracterizada como o lócus dos negócios e da iniciativa privada. O imaginário da utopia moderna, relacionado ao espaço público, não é particularmente forte na capital paulista. Contudo, é interessante observar que, enquanto no Rio de Janeiro Oscar Niemeyer não marcou significativamente o espaço urbano com uma ótica coletiva, em São Paulo ele projetou obras icônicas do espaço metropolitano, como o edifício Copan e o Parque Ibirapuera. Ambas as obras, projetadas para o IV Centenário da cidade, foram realizadas pelo renomado arquiteto carioca, cuja linguagem arquitetônica internacional e modernista facilitou a projeção da cidade nos âmbitos nacional e internacional. A escolha de Niemeyer para esses projetos foi estratégica, pois ele simbolizava a modernidade e aumentava a visibilidade do projeto de modernização em curso. São Paulo necessitava de monumentos que simbolizassem seu crescimento significativo e poderio, e Niemeyer, com sua arquitetura inovadora, contribuiu para consolidar essa imagem de progresso e modernidade.

O conceito de "cidade vertical," pertencente ao movimento moderno, permeou o imaginário de diversos arquitetos e exerceu influência sobre algumas obras paulistas, que por vezes são referenciadas, elas mesmas, como "cidades" devido ao seu programa multifuncional. Esse é o caso do Edifício Copan, projetado em 1951 por Oscar Niemeyer, mas só iniciado em 1957 e finalizado em 1966. A enorme estrutura de concreto no centro de São Paulo é o maior edifício residencial da América Latina, abrigando 1.160 apartamentos, possuindo até CEP próprio, de maneira similar a cidades pequenas. A concepção do Copan como uma "cidade vertical" exemplifica a tentativa de integrar diversas funções urbanas em um único edifício, refletindo o ideal modernista de eficiência e centralização. Essa abordagem multifuncional não apenas redefiniu o uso do espaço urbano, mas também criou um microcosmo capaz de atender a uma ampla gama de necessidades de moradores, simbolizando o avanço e a inovação característicos do período.

A planta curva em forma de "S" e o uso de *brises* compõem uma estratégia também utilizada, ainda que adaptada, de outros projetos posteriores. A liberdade formal curvilínea revela um modernismo com o "sabor local" brasileiro, provocando uma quebra com a maioria dos edifícios de ângulos retos do centro de São Paulo.

O Copan praticamente não constou nas revistas especializadas durante sua construção, apesar de ter sido fruto originalmente das comemorações do IV Centenário. Talvez isso se deva aos muitos anos de construção e finalização da obra, assim como ao fato de Niemeyer ter largado o projeto, que ficou à cargo de Carlos Lemos, para realizar Brasília. Depois, porém, o Copan permeou diversas páginas de revistas semanais e foi amplamente compreendido como um dos maiores símbolos da cidade de São Paulo, principalmente entre os anos de 1970 e 1980. O Copan passaria a ser uma das maiores imagens da São Paulo moderna.

O Parque Ibirapuera também foi uma proposta comemorativa e simbólica para o IV Centenário de São Paulo. Com suas grandes dimensões e seu projeto arrojado, diferentemente do Copan, imagens fotográficas do Ibirapuera apareceram em jornais, revistas, livros e exposições. O grande empreendimento do Ibirapuera era retratado e descrito como um monumento que exaltava a modernidade da cidade.

Figura 14 – Vista panorâmica do Parque Ibirapuera

Fonte: foto de Oswaldo Luiz Palermo[205]

---
[205] O Estado de S. Paulo, 24 dez. 1954, p. 28.

A imagem publicada em *O Estado de S. Paulo* mostra uma vista aérea do Ibirapuera, destacando a monumentalidade e o planejamento urbanístico do local, permitindo uma compreensão mais ampla do planejamento e da escala do parque. A fotografia revela um projeto que combina arquitetura e natureza, refletindo a influência do modernismo com edifícios curvilíneos e amplos espaços abertos que enfatizam funcionalidade e estética limpa. A disposição dos edifícios e das áreas verdes cria um espaço que serve a funções recreativas mas que também simboliza modernidade e progresso. Estruturas icônicas, como a Oca (Palácio das Artes), em formato de cúpula, e a marquise que une os edifícios são marcos arquitetônicos que conferem monumentalidade ao espaço.

Imagens do Palácio das Artes ainda em construção foram publicadas na revista *Módulo* para fins publicitários pela empresa responsável pela edificação. As fotos destacam uma parte do prédio sem sua "casca branca" e com materiais de construção espalhados pelo chão. A dimensão do edifício é enfatizada pela presença de trabalhadores no topo da cúpula, evidenciando sua grandiosidade. Detalhes sobre os materiais e as técnicas de construção utilizados na época são visíveis, como a estrutura de concreto aparente e o uso de madeira para formas e escoramento. A forma orgânica e esférica do edifício, característica das obras de Niemeyer, é destacada, sendo retomada de maneira icônica no Congresso Nacional, em Brasília. A composição visual, com a cúpula dominante e os trabalhadores em destaque, cria um impacto visual forte, ressaltando tanto a dimensão da obra quanto o esforço humano envolvido, uma vez que, em São Paulo, a ideia de trabalho é frequentemente valorizada no período. Historicamente, a imagem captura, assim, um momento específico no desenvolvimento arquitetônico do Brasil e na carreira de Oscar Niemeyer, simbolizando progresso e modernidade.

Figuras 15 e 16 – Interior do Palácio das Artes

Fonte: foto de Zanella-Moscardi[206]

---

[206] Acrópole, n. 191, ago. de 1954, p. 496.

Fotografias internas do Palácio das Artes, de autoria de Zanella-Moscardi, publicadas na revista *Acrópole*, também valorizam a sinuosidade dos espaços interiores da construção e remetem ao espaço sideral. Os enquadramentos destacam a geometrização das formas arquitetônicas, relacionando as imagens com composições abstratas. São os próprios elementos arquitetônicos que sugerem os desenhos formados na fotografia, beneficiando-se da composição por linhas diagonais, jogos de luz e sombra, ângulos retos e elementos esféricos.

As representações fotográficas do edifício evocam um imaginário futurista. O Palácio das Artes lembra um disco voador, e suas vistas internas remetem ao interior de uma nave espacial. O Ibirapuera, contemporâneo do período de fascínio pela corrida espacial amplamente divulgada pela imprensa, reforça essa impressão nas imagens, evocando uma paisagem lunar ou sideral. Desenvolvida e amplificada pela arquitetura e pela mídia impressa, essa paisagem sugere visões aspiracionais de futuro, provocando a contemplação.

Figura 17 – Palácio das Indústrias[207]

[207] O Estado de S. Paulo, 21 ago. 1954.

Outras fotografias internas das estruturas do Parque Ibirapuera, como a da Bienal (Palácio das Indústrias), também revelam as curvas presentes no interior dos edifícios, destacando a sinuosidade da arquitetura em contraste com as linhas retas dos pilares e das caixas de luz no teto, que formam linhas em perspectiva. O grupo de pessoas no último andar, ao fundo, evidencia a utilização do espaço, conferindo sensação de amplitude e dimensão à escala monumental do edifício. A visualidade mais sóbria do exterior desse edifício em particular, formada por ângulos retos mais típicos do modernismo internacional, contrasta propositalmente com seu interior, conhecido por suas curvas acentuadas, exemplificando a arquitetura arrojada e representando o estilo moderno brasileiro.

Considerações finais

A análise das estratégias de modernização e representação das cidades do Rio de Janeiro e São Paulo revela a interação entre arquitetura moderna, fotografia e construção de identidades urbanas, culturais e mesmo nacionais. Cada cidade adotou abordagens distintas, ainda que com pontos de contato, para se posicionar como centros de modernidade e progresso, refletindo suas particularidades geográficas, econômicas, culturais e sociais.

No Rio de Janeiro, a arquitetura moderna foi influenciada pela paisagem natural, criando uma estética que integrava construções icônicas com montanhas e praias. Projetos como o Ministério da Educação e Saúde (MES) exemplificam essa postura, utilizando elementos como *brise-soleils* para responder ao clima tropical e criar uma linguagem arquitetônica funcional, inovadora e esteticamente agradável. A representação fotográfica dessas obras, especialmente pelas lentes de fotógrafos como Marcel Gautherot, enfatizou a simbiose buscada entre o natural e o construído no estilo moderno, projetando o Rio como um epicentro de inovação arquitetônica que refletia as aspirações nacionais de progresso.

Em contraste, São Paulo adotou uma abordagem mais verticalizada e densa, simbolizando seu crescimento industrial e econômico. A cidade se destacou pela construção de arranha-céus e edifícios multifuncionais, que incorporaram elementos modernos adaptados às necessidades urbanas locais. A fotografia urbana em São Paulo capturou sua escala, sua grandiosidade e a densidade da paisagem construída, retratando uma metrópole em constante expansão. As imagens de edifícios altos e a infraestrutura moderna reforçaram a imagem de São Paulo como a "locomotiva do Brasil", um símbolo de trabalho e desenvolvimento incessante.

Um ponto de convergência entre as estratégias de modernização do Rio de Janeiro e de São Paulo pode ser observado no projeto do Parque Ibirapuera. Inaugurado em 1954, com suas estruturas curvilíneas e amplos espaços abertos, exemplifica a capacidade de Niemeyer de integrar arquitetura e natureza, semelhante ao que ele fez no Rio. O Ibirapuera serviu como um marco de modernidade e progresso em São Paulo, alinhando-se com os princípios modernistas que Niemeyer aplicou em suas obras no Rio, mas também em outras cidades brasileiras e no exterior.

No Rio de Janeiro e em São Paulo, a fotografia desempenhou um papel crucial na disseminação de imagens e na formação de imaginários, moldando a percepção pública e fixando um imaginário coletivo que associava modernidade a progresso e inovação. Esses elementos foram fundamentais na narrativa de modernização e identidade nacional no Brasil. A arquitetura moderna, ao integrar influências internacionais com adaptações locais, simbolizou a aspiração por um futuro moderno. As fotografias, ao capturarem e amplificarem essas qualidades arquitetônicas, foram essenciais na promoção dessa nova identidade. Representando edifícios modernos em contextos urbanos, as imagens fotográficas consolidaram a visão de um Brasil moderno, alinhado com as narrativas de desenvolvimento do século XX, mas buscando especificidades próprias.

Assim, a interseção entre arquitetura moderna e representação fotográfica não apenas documentou as transformações urbanas, mas também atuou como um agente ativo e fundamental na construção de uma identidade nacional baseada na modernidade. Essas representações visuais contribuíram para a formação de uma memória coletiva — ou de um imaginário — que celebra a inovação e o progresso, reforçando a ideia de que o Brasil, mediante suas metrópoles emblemáticas, estava na vanguarda da modernidade global. Assim, o estudo das estratégias de modernização e representação no Rio de Janeiro e em São Paulo oferece uma compreensão mais profunda das dinâmicas culturais que definem o Brasil moderno e suas principais metrópoles.

Referências

Acrópole, ano 13, n. 145, maio 1950.

Acrópole, n. 191, ago. de 1954, p. 496.

BASTIDE, Roger. *Brasil, terra de contrastes*. São Paulo: difusão europeia do livro, 1959.

BREFE, Ana C. Fonseca. *As cidades brasileiras no pós-guerra*. São Paulo: Atual, 1995.

BRUAND, Yves. *Arquitetura Contemporânea no Brasil*. São Paulo: Perspectiva, 1981.

CURTIS, William J R. Moderno. *Arquitetura desde 1900*. Phaidon, Londres, 1996.

CURY, Laura de Souza. *Imagens e imaginários*: a criação da visão hegemônica de arquitetura moderna no Brasil. 2022. Tese (Doutorado em História Social) – Pontifícia Universidade Católica de São Paulo, São Paulo, 2022.

CURY, Laura de Souza. *O Parque Ibirapuera e a construção da imagem de um Brasil moderno*. 2016. Dissertação (Mestrado em História) – Pontifícia Universidade Católica de São Paulo, São Paulo, 2016.

FERRARA, Lucrecia D'Alessio. *Os significados urbanos*. São Paulo: Editora da Universidade de São Paulo – FAPESP, 2000.

GOODWIN, Philip. *Brazil Builds* – Architecture New and Old 1652 – 1942. New York: Museum of Modern Art, MoMa, 1943.

HITCHCOCK, Henry-Russell. *Latin American Architecture Since 1945*. New York: Museum of Modern Art, 1955,

Jornal Correio Paulistano, 24 jan. 1954.

LE BLANC, Aleca. Palmeiras and Pilotis: Promoting Brazil with Modern Architecture. *Third Text*, v. 26, n. 1, p. 103-116, 2012.

MINDLIN, Henrique E. *Modern Architecture in Brazil*. Rio de Janeiro: Collibris, 1956.

NERY, Juliana Cardoso. *Falas e Ecos na formação da arquitetura moderna no Brasil*. Tese (Doutorado em Arquitetura e Urbanismo) – Faculdade de Arquitetura, Universidade Federal da Bahia, Salvador, 2013.

O Estado de S. Paulo, 24 dez. 1954, p. 28.

O Estado de S. Paulo, 21 ago. 1954.

O Tempo, suplemento especial da comemoração do IV Centenário, São Paulo, 24 jan. 54.

QUARENTA, Ednilson A. O Apóstolo Pregresso e as Alegorias da Fundação. Anchieta, um mito fundador no IV Centenário da Cidade de São Paulo. Tese (Doutorado em História) – Universidade de São Paulo. Disponível em: https://teses.usp.br/teses/disponiveis/8/8138/tde-09122009115053/publico/EDNILSON_QUARENTA1.pdf.

SERAPIÃO, Fernando. "Building Brazil: from the Cariocas to the Paulistas to the now". *The Architectural Review*, 4 out. 2019.

SEVCENKO, Nicolau. *Orfeu Extático na Metrópole*. São Paulo: Companhia das Letras, 1992.

STEPAN, Nancy Leys. *Picturing Tropical Nature*. Ithaca, NY: Cornell University Press, 2001.

WILLIAMS, Richard J. *Brazil*. Modern Architectures in History. Londres: Reaktion Books, 2009.

ZWEIG, Stefan. *Brasil*: País do Futuro. Londres: [s. n.], 1942.

CAPÍTULO 5

EFEITOS DE FABRICAÇÃO: ESTÉTICA E POLÍTICA DAS IMAGENS DOS PRIMEIROS ESPAÇOS INDUSTRIAIS NA CIDADE DE SÃO PAULO[208]

Verônica Sales Pereira

> *[...] menos que nunca, o simples fato de 'devolver a realidade' não diz nada sobre esta realidade. Uma foto das fábricas Krupp ou a de A.E.G. não revela quase nada sobre estas instituições.*
> *(Bertold Brecht)*

No início do século XXI, alguns espaços e edifícios dos primórdios da industrialização, do final do século XIX e início do século XX na cidade de São Paulo, foram objeto de diversos processos econômicos, políticos e sociais, atravessados por um sentido cultural em que a dimensão estética tem central relevância.

Situados no bairro da Mooca, o Cotonifício Crespi, os Grandes Moinhos Gamba, a Cia União de Refinadores e os edifícios industriais que ladeiam a ferrovia da Companhia Paulista de Trens Metropolitanos (CPTM) são estruturas industriais pioneiras da cidade e do país.

O processo de desconcentração industrial articulado, posteriormente, a um *boom* imobiliário no bairro, ao ser expressão da transformação econômica mais ampla na cidade, com a terciarização, e do país, com o crescimento econômico calcado na construção civil, propiciou a retomada desses edifícios.

Isso envolveu a apropriação por múltiplos atores, como o mercado imobiliário, os órgãos públicos de preservação, a sociedade civil, com concepções distintas da cidade — das relações entre os espaços públicos e

---

[208] Este capítulo é uma versão modificada e ampliada do *paper* "Entre arte e política: os vários modos de ressignificação dos primeiros espaços industriais na cidade de São Paulo", apresentado no 37º Encontro Anual da ANPOCS, Águas de Lindóia, São Paulo, 2013, e de "Market, art, and politics: the resignification of old industrial spaces in São Paulo", apresentado na XVIII ISA World Congress of Sociology, Yokohama, Japão, 2014. O trabalho foi financiado pelo Auxílio Regular FAPESP 2013/18084-6.

privados, dos modos de preservação, entre outros —, levando a uma série de antagonismos, expressos em múltiplas representações do passado e da historicidade dos edifícios, que se um dia deram uma feição de modernidade à cidade, ficaram fadados, pelo mesmo espírito moderno, à obsolescência.

Retratados pela fotografia, pelas artes plásticas, pela publicidade, pela preservação cultural, a leitura e a produção de imagens desses edifícios trouxeram-lhes, assim, um novo sentido, o que nos leva a redefinir as relações entre estética e política, num contexto em que a economia tem colonizado quase todas as instâncias da vida.

Nessa lógica "pós-moderna" em que economia e cultura se fundiriam, em uma expressão, num sentido amplo, do capitalismo flexível[209] ou tardio[210], são muitos os seus desdobramentos em relação à cidade, à arte e à política.

A princípio, a espetacularização[211], enquanto um modo de estetização da cidade pelo capital, impor-se-ia, e o espaço urbano, mediado por imagens em sua forma mercadoria, seria abstraído de sua história, banalizado e homogeneizado, privatizado e controlado, segregando as classes sociais e constituindo aquilo que Zukin[212] definiu como "paisagens urbanas pós-modernas" de cultura e poder.

No entanto, inexistem espaços puros, fora da cultura mercadoria, e os limites à sua mercadorização encontram-se nas "estratégias específicas de representação e mercadorização e do contexto no qual elas são representadas"[213]. W. Benjamin[214], ao analisar a reprodutibilidade técnica da obra de arte, nos mostrou como isso levou a uma regressiva estetização da política, mas também à possibilidade de crítica pela politização da arte. Didi-Huberman[215], em sua crítica à pratica que restringe ou sujeita o visual ao legível, em sua lógica e discursividade, desdobra a reflexão de Walter Benjamin, bem como de Aby Warburg, reiterando a carga latente e utópica das imagens.

---

[209] HARVEY, David. *Condição Pós-Moderna:* uma pesquisa sobre as origens da mudança cultural. São Paulo: Loyola, 2000.
[210] JAMESON, Frederic. *Pós-modernismo.* A lógica cultural do capitalismo tardio. São Paulo: Ática, 2002.
[211] DEBORD, Guy. *A Sociedade do Espetáculo.* Comentários sobre a sociedade do espetáculo. Rio de Janeiro: Contraponto, 1997.
[212] ZUKIN, Sharon. Paisagens urbanas pós modernas: mapeando cultura e poder. "Paisagens do século XXI: Notas sobre a Mudança Social e o Espaço Urbano". In: *O Espaço da Diferença.* Arantes, Antônio. Campinas, Papirus, 2000.
[213] HUYSSEN, Andreas. Passados Presentes. Midia, política, amnésia. *In:* HUYSSEN, Andreas. *Seduzidos pela Memória:* arquitetura, monumentos, mídia. Rio de Janeiro: Aeroplano, 2000. p. 21.
[214] BENJAMIN, Walter. *Obras escolhidas.* Magia e técnica, arte e política. 4. ed. São Paulo: Brasiliense, 1985.
[215] DIDI-HUBERMAN, Georges. *O que vemos, o que nos olha.* São Paulo: Ed. 34, 2010.

Abordaremos como essas estratégias se constituem por meio da transformação da representação iconográfica desses edifícios industriais e o papel dessas representações nas diversas formas de apropriação desses edifícios. Arquitetos, fotógrafos, pintores, cartunistas, grafiteiros, pichadores, publicitários, em situações de antagonismo, mas também consensuais, reconstroem os espaços, conferindo-lhes novos sentidos, novas identidades e representações, tornando as relações entre estética e política nada unívocas.

Essas estratégias e as formas de negociação na sua representação, as tensões e/ou complementaridades entre a estetização mercadológica e a politização da estética formam um espaço público. Há um duplo sentido, de uma paisagem urbana heterogênea e de uma partilha do sensível[216], ou de evidências sensíveis que implicam um comum partilhado, mas também em suas partes exclusivas de espaços, tempos, atividades, que determinam a participação de uns e outros e o modo como participam dessa partilha. Enfim, define a visibilidade (ou não) de cada um num espaço comum, constituído de uma palavra comum.

Imagens e historicidade

Pensar um percurso comum às imagens produzidas em linguagens distintas — fotografia, pintura, grafite, pichação, desenho publicitário — e em tempos distintos decorre não apenas da força de sua imposição em todas as esferas da vida, mas também da possibilidade outra de lidar com a visualidade a partir de imagens dialéticas. Num percurso, que vai de Freud, Warburg, Eisenstein, Bataille e Benjamin, Didi-Huberman pensa a imagem em sua conaturalidade com a palavra, como "documento e como objeto de sonho, como obra e objeto de passagem, como monumento e objeto de montagem, como não saber e objeto de ciência"[217].

A construção da historicidade dessas imagens pressupõe uma arqueologia calcada em imaginação e montagem. São imagens dialéticas,

> Porque a imagem é outra coisa que um simples corte praticado no mundo dos aspectos visíveis. É uma impressão, um rastro, um traço visual do tempo que quis tocar, mas

---
[216] RANCIÈRE, 2009.
[217] DIDI-HUBERMAN, Georges. Quando as imagens tocam o real. *PÓS: Revista do Programa de Pós-graduação em Artes da EBA/UFMG*, p. 206-219, 2012. p. 209-210.

também de outros tempos suplementares – fatalmente anacrônicos, heterogêneos entre eles – que não pode, como arte da memória, não pode aglutinar[218].

Assim, a imagem guarda a memória, e por isso é indício de algo que ficou (mas não tal como era) e do esquecido. É lacunar, pois objeto de censuras intencionais — mas também inconscientes — e, portanto, portadora de sintomas (de "sem-sentidos" e de não resolvidos). É contraditória, ao ser constituída pela tensão de temporalidades heterogêneas e anacrônicas, pois embora o evento do passado seja recuperado e aproximado pela sua rememoração, por outro lado o contexto desse passado não existe mais como tal[219].

Se a leitura de algumas imagens a seguir esteja ainda vinculada aos paradigmas que, segundo Didi-Huberman[220], submetem o visual a uma racionalidade discursiva e totalizadora, a reflexão do autor nos permite pensar sobre a retomada dessas imagens e as tensões nelas existentes.

A fotografia e a história

Várias tradições têm abordado a representação fotográfica e cabe aqui apenas mencionar alguns pontos de contato com a reflexão de Didi-Huberman[221] em relação aos aspectos não visíveis ou rastros das imagens — o "inconsciente óptico" de W. Benjamin; o *punctum* de R. Barthes; os vestígios de P. Berger, e na tradição sociológica, o peso oculto do mundo social da *"art moyen" de P. Bourdieu, de H. Becker, entre outros*[222]. Embora vinculadas, de formas e em graus distintos, aos paradigmas que Didi-Huberman critica (à exceção de W. Benjamin), abordaremos apenas os percursos das fotografias, a sua leitura pelos atores (cujos pressupostos teóricos não são explicitados), com uma leitura orientada pelas reflexões de Didi-Huberman[223].

Embora as imagens fotográficas de fábricas sejam frequentes em inúmeros trabalhos sobre a classe operária, sobre os empresários e sobre a industrialização, as obras de Edgard Carone[224] e Ilka Cohen[225] chamam a

---

[218] DIDI-HUBERMAN, 2012, p. 216.
[219] DIDI-HUBERMAN, 2010; 2012.
[220] DIDI-HUBERMAN, 2010.
[221] DIDI-HUBERMAN, 2010; 2012.
[222] A abordagem desses autores encontra-se em: OUROS, Gabriel; PEREIRA, Verônica Sales. Colocando a Mooca na Moda: a mídia e a produção de paisagens urbanas de consumo e lazer em antigas áreas industriais de São Paulo. *Contemporânea*, v. 13, n. 2, p. 479-511, maio/ago. 2023.
[223] DIDI-HUBERMAN, 2010; 2012.
[224] CARONE, Edgard. *A Evolução Industrial de São Paulo (1889-1930)*. São Paulo: Editora SENAC São Paulo, 2001.
[225] COHEN, Ilka Stern. *Bombas sobre São Paulo*. A revolução de 1924. São Paulo: Editora UNESP, 2007.

atenção porque a iconografia, em especial a fotográfica, é objeto de capítulos específicos, ainda que não objeto de análise por Carone[226], e porque suas imagens foram e ainda são bastante disseminadas.

Figura 1 – Companhia Antarctica Paulista

Fonte: Edgard Carone[227]

As fotos reproduzidas por Carone[228] retratam os primórdios da industrialização de São Paulo, no período de 1889–1930. Essas fotos mostram as fábricas externamente, e foram por nós escolhidas pois posteriormente será esse o ângulo privilegiado nos documentos nos processos de patrimonialização. A Companhia Antarctica Paulista é representada em uma foto de todo o seu conjunto. Seu registro revela a presença desses edifícios, mas seu objetivo é desconhecido. Nenhuma foto aparece da Cia União Refinadores.

Figura 2 – Cotonifício Crespi

Fonte: Edgard Carone[229]

---

[226] CARONE, 2001.
[227] CARONE, 2001.
[228] Idem.
[229] Idem.

O Cotonifício Crespi é representado em apenas uma fotografia, intitulada "Vista Generale Del Cotonifício Rodolfo Crespi", cuja autoria e data não são mencionadas. Depois pudemos identificar a origem de sua publicação em 1922, em *Gli italiani nel Brasile*, de E. Bertarelli *et al.*, e seu registro celebra o centenário de independência e a presença italiana no Brasil[230].

Figura 3 – Depósitos de Grandes Moinhos Gamba

Figura 4 – Silo e Moinho

Fonte: Edgard Carone[231]   Fonte: Edgard Carone[232]

Já os Grandes Moinhos Gamba são apresentados em duas fotos: na primeira foto (Figura 3), em primeiro plano aparece a ferrovia, depois os galpões de armazenagem com os seus letreiros ("Fábrica de Óleos Gamba" e "Beneficiamento de Algodão") e ao fundo as chaminés; na segunda foto (Figura 4), em primeiro plano aparecem o poste de iluminação e a ferrovia com o trem e o edifício do Moinho com seu letreiro ("Grandes Moinhos Gamba"). Em ambas a face principal do conjunto é voltada para a ferrovia. As fotos sugerem ser anteriores a 1934, data em que Egídio P. Gamba se associa a Minetti.

As datas, os autores e os objetivos dos registros fotográficos dos Grandes Moinhos Gamba não foram mencionados na obra. Já a imagem do Cotonifício Crespi, embora também não apresente essas informações

---

[230] PARECER TÉCNICO. Preservação e adaptação de estruturas remanescentes do Cotonifício Crespi. Autores: Haroldo Gallo e Marcos Carrilho. Agosto de 2004. *In:* SÃO PAULO. Demolição do Cotonifício Crespi, localizado no quadrilátero das ruas dos Trilhos, Paes de Barros (Taquari) e Visconde de Laguna, Mooca. *Inquérito Civil:* 284/04. 2ª – PJMAC. Volumes 1, 2, 3, 4 e 5. SMA n. 14.482.248/04.
[231] CARONE, 2001.
[232] *Idem.*

na publicação, aparece num contexto celebrativo da nacionalidade brasileira e da posição da imigração italiana na construção da cidade e do estado de São Paulo e da nação.

O registro fotográfico das indústrias voltará a ser realizado, mas agora em profusão e num contexto traumático da história da cidade de São Paulo: a Revolução de 1924, na qual o bairro da Mooca foi, juntamente ao Brás, Belenzinho, Cambuci, Ipiranga, Centro e Vila Mariana, um dos que mais sofreram com os bombardeios[233]. Embora o Cotonifício Crespi e os Grandes Moinhos Gamba fossem os mais atingidos durante a Revolução de 1924, as fotos desses acontecimentos não serão reproduzidas na obra de Carone[234], mas ocuparão um grande espaço no livro de Cohen[235] sobre o episódio, analisadas no subcapítulo "Fotografias, Memória e História".

Figura 5 – Foto de Gustavo Prugner do Cotonifício Crespi

Fonte: Ilka S. Cohen[236]

Embora os Grandes Moinhos Gamba também tivessem sido atingidos por saques e incêndios[237], é o ataque ao Cotonifício Crespi que terá maior repercussão, pois seu incêndio pelos legalistas, desalojando-o como

---

[233] COHEN, 2007.
[234] CARONE, 2001.
[235] COHEN, 2007.
[236] Idem.
[237] GRANDES MOINHOS GAMBA. Autoria: Helena Saia Arquitetos Associados. Outubro de 2005. In: SÃO PAULO. SMC/Conpresp. Implantação de conjunto residencial – Antigo Conjunto Grandes Moinhos Minetti Gamba . Processo: 2006-0.043.310-9.

posto dos tenentistas, não apenas desanima estes últimos, como atinge o símbolo do poder industrial paulista, chocando até mesmo os próprios legalistas[238]. Escolhemos uma foto do cotonifício de autoria de Gustavo Prugner (Figura 5) porque exatos 80 anos depois de seu registro ela será a mais reproduzida nos vários documentos — relatórios, abaixo-assinados, pareceres, periódicos oficiais — favoráveis e contrários ao processo de patrimonialização não apenas do próprio cotonifício, mas também dos Grandes Moinhos Gamba, sugerindo-nos ter se tornado uma espécie de foto emblemática.

Nessa foto, tirada da esquina da Rua Bresser com a Rua dos Trilhos, destacam-se em primeiro plano a rua com um grupo de transeuntes, os postes, um carro; em segundo plano, a face das edificações fabris e a chaminé; e ao fundo, o edifício construído no início da década de 20, com as janelas estilhaçadas e suas torres.

Cohen[239], ao analisar os sentidos do "esquecimento" da Revolução de 1924 — dentre os quais o fato de não fazer parte das efemérides do calendário da história paulista —, ressalta a "eloquência" dos registros fotográficos ao evidenciar o grau de destruição da "paisagem urbana", seu "esquecimento" nos arquivos e a composição de um "discurso fotográfico". Sobre este último, a autora destaca a figura de Gustavo Prugner, um dos únicos fotógrafos cuja autoria do trabalho pode ser identificada.

A autora vê nesse discurso fotográfico uma intenção explícita de mostrar o rápido retorno à normalidade, mas também uma forma de rememoração[240] de um evento traumático, cujas imagens denunciam a dimensão da destruição e da ruína da cidade produzidas por uma guerra civil. No registro, há um carro estacionado e um grupo de transeuntes em seu anonimato, cuja presença sugere uma conversa, um testemunhar dos danos, tão impressivos quanto a monumentalidade do edifício. Apesar do grau de destruição, ou talvez por causa dele, a autora observa a disseminação e popularização das fotografias sobre o episódio, citando o sucesso da publicação de um álbum de fotos à época, a quantidade de propagandas de revistas mensais anunciando números especiais, bem como cartões postais de autoria de Gustavo Prugner sobre o evento.

---

[238] COHEN, 2007, p. 84.
[239] COHEN, 2007.
[240] SCHIAVINATTO, 2002 *apud* COHEN, 2007.

A fotografia e o patrimônio industrial

Oitenta anos depois, a litigiosa reutilização comercial e residencial pelo mercado e o processo de patrimonialização pelos órgãos públicos de preservação do Cotonifício Crespi em 2004 e dos Grandes Moinhos Gamba em 2007 — o primeiro em hipermercado e o segundo em condomínio residencial — nos mostra um dado interessante: embora o livro de Carone, um autor importante da historiografia, já tivesse sido publicado em 2001, e o livro de Cohen ainda não (os relatórios sobre os Grandes Moinhos Gamba foram produzidos em 2005–2006), serão as fotos da Revolução de 1924 as reproduzidas para fundamentar os relatórios e abaixo-assinados dos técnicos e especialistas. Esse dado nos leva à hipótese que reforça o argumento de Cohen acerca da força dessas fotografias no imaginário, mas agora num contexto de premente necessidade de (re)colocar essas fábricas num lugar da história não apenas do bairro, mas da cidade, do estado e do país, no momento de sua refuncionalização.

As fotos utilizadas pelos relatórios dos órgãos do patrimônio e de empresas — o hipermercado e a incorporadora — responsáveis pela sua preservação e refuncionalização marcam posições, justificam e legitimam as formas de intervenção, por meio da erudição e do conhecimento especializado, mas atravessado por posições políticas e ideológicas, num contexto de disputa entre moradores, imprensa, universidade, políticos, mercado, carregando o peso da deliberação. Um contexto público beligerante, que poderíamos também aproximar, talvez não apenas metaforicamente, mas *anacronicamente*[241] ao da Revolução de 1924.

Dolff-Bonekämper[242], em sua reflexão sobre os monumentos históricos alemães, ao introduzir a noção de "valor de dissenso" dos patrimônios, observa que o patrimônio cultural é, em sua origem histórica, muitas vezes resultado de intensas disputas sociais e políticas, que não se extinguem quando esse patrimônio, posteriormente, é reconhecido e converte-se em objeto de preservação. Pelo contrário.

Em 2004, o Grupo Pão de Açúcar aluga o Cotonifício Crespi para a instalação do hipermercado Extra, no edifício construído na década de 20, e contrata um projeto dos arquitetos Haroldo Gallo e

---

[241] DIDI-HUBERMAN, 2010; 2012.
[242] DOLFF-BONEKÄMPER, Gabi. Sites of memory and sites of Discord: Historic Monuments as a medium for discussing conflict in Europe. *In:* FAIRCLOUGH, Graham *et al. The Heritage Reader.* London & New York: Routledge, 2008. p. 134-138.

Marcos Carrilho para a restauração das fachadas. No relatório dos arquitetos, entre as fotos reproduzidas no histórico do edifício estão: a do conjunto em sua integridade publicada em *Gli italiani nel Brasile* (1922) e por Carone[243] (Figura 2); outra foto de trabalhadores à frente do edifício construído em 1891, no capítulo sobre a greve de 1917; e três fotos da Revolução de 1924[244]. Dentre elas, novamente a de Gustavo Prugner tem destaque (Figura 5). Os autores não utilizam o livro do Cohen, à época ainda não publicado, mas o Acervo Gustavo Prugner, do Instituto Moreira Salles.

As obras no cotonifício demoliram a sua estrutura interna e uma das fachadas (à revelia dos arquitetos responsáveis pela restauração), levando à uma mobilização contrária dos moradores e intervenção tardia do Ministério Público, a pedido do Departamento do Patrimônio Histórico de São Paulo (DPH) na obra[245]. Num abaixo-assinado dos moradores, contrários à forma de intervenção da empresa, a fotografia de G. Prugner (Figura 5) reaparece.

O resultado foi a prevalência de valores funcionais racionais e econômicos sobre os históricos e memoriais. Restaram apenas as suas três faces externas, intervenção esta qualificada, com pesar, por um dos próprios arquitetos, de "cenográfica"[246]. Reduzido quase a um invólucro, o valor estético das fachadas sobreposto à destruição física de seu interior terminou por abstrair, de alguma forma, a historicidade do edifício.

No entanto, essa mesma iconografia reaparece numa publicação especial do *Diário Oficial* municipal, de 2005, comemorando o aniversário da Mooca e a "restauração" do cotonifício. Uma foto da Revolução de 1924, de autoria desconhecida (Figura 6), mas com o mesmo ângulo da foto de G. Prugner (Figura 5), é reproduzida.

---

[243] CARONE, 2001.

[244] PARECER TÉCNICO, 2004.

[245] PEREIRA, Verônica Sales. Memória industrial e transformações urbanas na virada do século XXI: os casos do Brás, Mooca, Belenzinho e Pari. *InterfacEHS* (Ed. Português – SENAC-SP), v. 2, p. 1-7, 2007; COTONIFÍCIO CRESPI – MOOCA. Análise de propostas de uso e de preservação. Autoria: Divisão de Preservação. SMC/DPH. 2004. In: SÃO PAULO. Demolição do Cotonifício Crespi, localizado no quadrilátero das ruas dos Trilhos, Paes de Barros (Taquari) e Visconde de Laguna, Mooca. *Inquérito Civil*: 284/04. 2ª – PJMAC. Volumes 1, 2, 3, 4 e 5. SMA n. 14.482.248/04.

[246] CARRILHO, Marcos. Vicissitudes da Preservação dos Remanescentes do Cotonifício Crespi. In: COLÓQUIO LATINOAMERICANO E INTERNACIONAL SOBRE RESCATE Y PRESERVACIÓN DEL PATRIMONIO INDUSTRIAL, 5., 2007, Buenos Aires. *Anais* [...]. Buenos Aires, 18 a 20 set. 2007.

Figura 6 – Edição do *Diário Oficial da Cidade de São Paulo*

Fonte: Diário Oficial da Cidade de São Paulo [247]

Figura 7 – Demolição do Cotonifício Crespi (2004)

Fonte: Foto de Verônica Sales Pereira

---

[247] MOOCA, Parabéns à você. *Diário Oficial da Cidade de São Paulo*. São Paulo, n. 153, 13 ago. 2005, *apud* PEREIRA, 2013a, p.10.

No *Diário* (Figura 6), a foto abaixo daquela de um dos prédios do cotonifício na Revolução de 1924 celebra o edifício recém-restaurado de 2004, retratando-o na esquina da Rua Javari com a Rua Taquari, justamente do ângulo oposto ao da fachada demolida na sua reutilização (Figura 7), omitindo-a. É a mesma fachada retratada pela foto de Prugner (Figura 5) e pela foto sem autoria (Figura 6). A sua legenda comemora: "O prédio do Cotonifício Crespi bombardeado na revolução de 1924 (acima) e restaurado depois de degradado por 40 anos (abaixo)" (Figura 6).

No discurso oficial do estado, a rememoração do passado, na foto de 1924, e a articulação com o presente, na foto da restauração de 2005, representadas no posicionamento das imagens e da legenda, associam anacronicamente ambos os eventos num tom celebrativo, paradoxalmente, por meio da presença sintomática do rastro, da destruição, do que foi perdido, no passado, e omitido (talvez pelo ângulo da foto inferior – Figura 6) no presente, ainda que ressignificado de maneira triunfalista.

No final de 2005, os Grandes Moinhos Gamba são vendidos à incorporadora Yuni, que objetiva a demolição de seus galpões de armazenagem para a construção de quatro torres residenciais e a preservação do edifício do moinho para a sua utilização como área comum de um condomínio residencial fechado para a classe média alta. A incorporadora solicita um parecer histórico à arquiteta Helena Saia, justificando o seu projeto junto ao Conselho Municipal de Preservação do Patrimônio Histórico, Cultural e Ambiental da Cidade de São Paulo (Conpresp), que após um intenso conflito envolvendo os moradores (divididos entre a preservação parcial e integral), a imprensa, a universidade[248], a Câmara Municipal, o prefeito, até chegar ao governador, termina por não aprovar o projeto da incorporadora, sustentando o seu tombamento integral.

No parecer histórico da arquiteta Helena Saia sobre os Grandes Moinhos Gamba, a mesma foto de G. Prugner sobre os danos sofridos pelo cotonifício (Figura 5) reaparecerá. Embora o moinho também tenha sofrido saques e incêndios à época da Revolução de 1924, não há registro fotográfico no documento.

Uma primeira foto dos Grandes Moinhos Gamba reproduzida no relatório data da década de 1940, de autoria desconhecida (Figura 8): em primeiro plano estão o poste de iluminação, as edificações que fazem face

---

[248] PEREIRA, Verônica Sales. La photographie dans la patrimonialisation du paysage industriel: Le Moulin Minetti & Gamba à São Paulo. *Espaces et Sociétés*, n. 1-2, p. 152-153, 2013.

para a rua, um portão; e ao fundo, a edificação do moinho com os letreiros. Esta foto assemelha-se àquela reproduzida em Carone[249] (Figura 4), com a diferença de que aquela é reproduzida a partir da ferrovia, e esta, provavelmente posterior, a partir da rua.

Figura 8 – Grandes Indústrias Minetti-Gamba vistos a partir da rua

Grandes Indústrias Minetti - Gamba, por volta do final da década de 40.
Fonte: Helena Saia Arquitetos Associados, 2005[250]

O parecer sustentava a preservação da edificação do moinho baseada em seu valor histórico, arquitetônico, estético e funcional[251]. E justificava a demolição dos galpões de armazenagem, dentre eles os que faziam face à ferrovia, para a construção das torres residenciais devido à ausência de valor estético e pelo fato de seu valor funcional (armazenagem) ser secundário em relação ao do moinho (produção); bem como atribuía ao armazém um valor estético caracterizado pela padronização e despojamento, diante da elegância e dignidade do moinho[252].

Contrário à hierarquização elaborada no parecer de Helena Saia, o DPH tornava equivalentes em importância os valores funcionais da edificação do moinho e o dos armazéns, mas o argumento crucial residia na relação entre os armazéns e a ferrovia: na medida em que a ferrovia foi o vetor da industrialização e urbanização daquela área, os armazéns seriam não apenas as primeiras construções do conjunto, datadas de 1910, mas também a sua fachada principal, pois face à ferrovia[253]. Segundo o

---
[249] CARONE, 2001.
[250] SAIA, 2006.
[251] PEREIRA, 2013.
[252] Idem.
[253] Idem.

DPH, ela seria responsável não apenas por uma estética fabril assumida pelos edifícios à sua margem, mas por uma estética urbana, caracterizada por uma "estética industrial", que confere uma identidade ao entorno e configuraria, assim, uma "paisagem industrial". Justifica, portanto, a preservação integral do conjunto em nome dessa característica[254].

Na Figura 9, a fotografia do relatório do DPH, tirada em 2006 pelos autores Kurt Riedel, Dalva Thomaz e Gabriela Tamari, a ferrovia aparece em primeiro plano, e ao fundo os galpões de armazenagem, cujas faces são as principais, pois voltadas para a ferrovia[255]. Embora o livro de Carone[256] não tenha sido citado, o objeto da fotografia é o mesmo, visto igualmente a partir da ferrovia, apenas de um outro ângulo (Figura 3). É interessante observar no mesmo livro que o registro do edifício do moinho também é realizado a partir da mesma vista: a ferrovia em primeiro plano (com os trens) e o edifício ao fundo (Figura 4). Esse último registro do edifício do moinho assemelha-se ao utilizado no parecer de H. Saia (Figura 8), mas a vista é oposta, tirada a partir da rua. Esta foto de 1940 já prenuncia o predomínio do transporte rodoviário sobre o transporte ferroviário de finais do século XIX e início do XX, portanto, sugere a mudança da fachada principal[257].

Figura 9 – "Perspectiva 4 - Fachada do conjunto arquitetônico formado pelos galpões dos Grandes Moinhos Gamba, voltada para a ferrovia"

Fonte: Kurt Riedel, Dalva Thomaz, Gabriela Tamari[258]

---
[254] *Idem.*
[255] PEREIRA, 2013.
[256] CARONE, 2001.
[257] PEREIRA, 2013
[258] SÃO PAULO. *Grandes Moinhos Gamba como parte do Patrimônio Histórico da cidade de São Paulo.* Autores: Baffi, Mirthes; Tourinho, Andréa; Arruda, Valdir; Thomaz, Dalva. São Paulo: SMC/DPH, 2006.

As imagens de Saia[259] buscam uma continuidade entre passado e presente, vinculando as origens do moinho a partir da urbanização ligada ao transporte rodoviário — predominante no presente — e a uma estética monumental — do moinho. Já as imagens do órgão de preservação sugerem-nos descontinuidade entre os tempos, uma leitura a contrapelo, a revelação de um indício — a origem fabril atrelada à ferrovia — a partir de uma dupla escolha: do ângulo das edificações e do objeto (subvalorizado) fotografado — o galpão. Em ambas há um tensionamento: de conflitos distintos, mas cuja disputa do Cotonifício Crespi vai repercutir nos Moinhos Gamba; de temporalidades distintas (a urbanização vinculada à ferrovia vs. rodovia); e de espaços distintos (de produção vs. armazenamento).

Figura 10 – Desenho Cotonifício Crespi

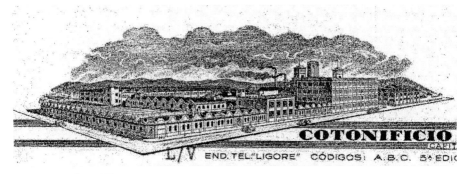

Fonte: SMC/DPH[260]

Um outro elemento iconográfico, utilizado pelos relatórios em ambos os processos (do cotonifício e do moinho), incorpora o desenho publicitário. No relatório do DPH, contrário à forma de intervenção no Cotonifício Crespi, um desenho de sua estrutura é reproduzido (Figura 10), provavelmente de uma peça publicitária, sem autoria e data conhecida. Nenhum comentário é feito no relatório, mas chama a atenção o desenho "abrir" a sua seção de fotos (nenhuma delas antigas), mapas e croquis, servindo como uma espécie de folha de rosto.

---

[259] GRANDES [...], 2005.
[260] COTONIFÍCIO CRESPI – MOOCA. Análise de propostas de uso e de preservação. Autoria: Divisão de Preservação. SMC/DPH. 2004. In: SÃO PAULO. Demolição do Cotonifício Crespi, localizado no quadrilátero das ruas dos Trilhos, Paes de Barros (Taquari) e Visconde de Laguna, Mooca. Inquérito Civil: 284/04. 2ª – PJMAC. Volumes 1, 2, 3, 4 e 5. SMA n. 14.482.248/04.

No relatório de Helena Saia sobre os Moinhos Gamba, o desenho utilizado, sem data e autoria conhecida, não é o do Moinho, mas da tecelagem Mariângela (Figura 11), pertencente às Indústrias Reunidas Francisco Matarazzo, localizada no bairro vizinho ao da Mooca, o Brás. Essa utilização sugere a indisponibilidade desse tipo de desenho do Moinho, assim como ocorreu com a sua imagem fotográfica na Revolução de 1924, substituída pela do Cotonifício Crespi no mesmo relatório. E ao contrário de sua forma de utilização pelo DPH, o desenho aqui terá uma função importante.

Ora, a fábrica não apenas produz mercadorias, mas ela em si é uma mercadoria. Os empresários ingleses expunham em seus catálogos não apenas as máquinas e os equipamentos, mas também "modelos" de fábricas instaladas em vários países, para seus potenciais compradores, os industriais[261]. A imagem, retirada de um catálogo de vendas inglês, segundo Saia[262], tem o objetivo de chamar a atenção para os valores estéticos, como a beleza e a elegância da arquitetura industrial.

Figura 11 – Fábrica Mariângela

ACCRINGTON, INGLATERRA.

Fábrica Mariângela reproduzido de catálogo inglês de máquinas para tecelagem.

Fonte: Helena Saia Arquitetos Associados[263]

Ainda que, em geral, nos discursos patrimonialistas o mercado (os valores econômicos) quase sempre apareça como algo exterior (e antagônico) à preservação cultural, em seus valores estéticos, históricos e

---

[261] SAIA, 2005

[262] SAIA, 2005.

[263] GRANDES [...], 2006.

afetivos[264] as imagens publicitárias utilizadas nos pareceres, ambos com objetivos distintos, são indícios da condição original de mercadoria da arquitetura industrial, bem como de sua dimensão estética — reconhecida e salientada no parecer de Saia[265].

A pintura e a paisagem industrial

O tratamento da arquitetura industrial como objeto estético já se fazia presente na pintura do Grupo Santa Helena, nas décadas de 1950 e 1960, mas com intenções artísticas[266]. Alguns de seus componentes, como Alfredo Volpi (1896–1988), Mario Zanini (1907–1971), Francisco Rebolo Gonsales (1903–1980) moraram e/ou trabalharam no mesmo território industrial retratado, além dos bairros Brás, Cambuci e Pari[267]. Assim, embora não tivessem retratado as fábricas mencionadas, esses pintores tiveram o seu território — os bairros fabris da Zona Leste de São Paulo — como tema. Segundo o historiador Paulo Miceli, reclamava-se da "urgência de uma nova estética adaptada à rapidez do mundo industrializado, contraposto à sonolência da vida rural"[268]. Justamente a paisagem foi o gênero que consagrou o grupo, que ao representar as mudanças daquele ambiente suburbano produzidas pela urbanização e industrialização, nas décadas de 1930 e 1940, rompia com os padrões pictóricos da época[269].

---

[264] GONÇALVES, José Reginaldo Santos. Os limites do patrimônio. In: LIMA FILHO, Manuel Ferreira; BELTRÃO, Jane Felipe; ECKERT, Cornelia (org.). Antropologia e patrimônio cultural: diálogos e desafios contemporâneos. Blumenau: Nova Letra, 2007. p. 239-248.

[265] SAIA, 2005.

[266] FREITAS, Patrícia Martins Santos. Fábrica de Imagens. Análise das paisagens industriais paulistas nas obras do Grupo Santa Helena (1930-1940 In: ENCONTRO NACIONAL SOBRE PATRIMÔNIO INDUSTRIAL, 2., 2009, São Paulo. Anais [...]. São Paulo, Centro Universitário Belas Artes, 2009; FREITAS, Patrícia Martins Santos. O Grupo Santa Helena e o universo industrial paulista (1930-1940). Urbana, CIEC/Unicamp, ano 3, n, 3, 2011.

[267] FREITAS, 2011.

[268] MICELI, 1992 apud FREITAS, 2009, p. 1.

[269] FREITAS, 2009.

Figura 12 – Arcângelo Ianelli, Bairro Fabril, 1957, Óleo sobre tela, 46x60 cm. Coleção não informada

Figura 13 – Mário Zanini, Fábrica, 1966

Fonte: Patrícia Freitas[270]

Fonte: Patrícia Freitas[271]

De duas maneiras as fábricas são representadas: na década de 1930 e 1940, como elemento integrante, embora não principal, da paisagem suburbana; para a partir de meados da década de 1940 passar a um primeiro plano, como paisagem industrial, concebida como aquela em que a indústria é objeto central. Esse momento coincide com a introdução de tendências abstracionistas no Brasil[272]. Em *Bairro Fabril* (1957), de Arcângelo Ianelli (1922–2009)[273] (Figura 12), e *Fábrica* (1966), de Mário Zanini (Figura 13), a arquitetura fabril aparece em sua monumentalidade, e os elementos rurais, que até então dominavam a representação paisagística em transição, dão lugar a uma paisagem completamente urbana e industrial[274]. Se no primeiro quadro figuras humanas não aparecem, no segundo elas são representadas num primeiro plano, sugerindo, pelos lenços na cabeça e saias compridas, serem de operárias.

Segundo Freitas[275], a despeito de sua origem social, ligada às classes trabalhadoras, e embora rompessem com os padrões pictóricos da época ao abordarem esses bairros operários, havia em suas obras muito mais uma preocupação estética, ligada à plasticidade das formas e cores, do que um conteúdo social e político. A posição do Palacete Santa Helena, na Praça da Sé, onde o grupo se reunia, permitia uma visão panorâmica

[270] FREITAS, 2011.
[271] Idem.
[272] Idem.
[273] Que, embora participasse do grupo Seibi, e depois do Guanabara, mantinha laços com o grupo Santa Helena.
[274] FREITAS, 2011.
[275] Idem.

a partir de suas janelas sobre esses subúrbios. Assim como o caminho que faziam entre o centro e esses bairros, entre o ateliê e o trabalho e/ou moradia, enfim, sua vivência da cidade terminou por ser um registro histórico, porém involuntário, segundo a autora, desse cotidiano suburbano em vias de transição para um universo industrial[276].

Grafite e pichação: a fábrica como tela e página

De objeto de representação, as fábricas desativadas passaram, na primeira década do século XXI, em seus diversos estágios entre derruimento e demolição, a ser seu suporte — tela e página — para o grafite e a pichação, mudando, assim, de sentido no processo de concepção iconográfica.

Já na entrada para o bairro da Mooca, uma das pichações num galpão à margem da ferrovia — que atualmente abriga a igreja neopentecostal Renascer — interpelava o motorista ou o pedestre: "Tá cego porra!!" (Figura 14). No topo de um dos edifícios da Companhia União de Refinadores de Açúcar e Café em processo de demolição para construção de um condomínio residencial, e cujo tombamento pelo Conpresp restringiu-se à sua chaminé, outra pichação ironizava: "A União faz açúcar e nois arte" (Figura 15).

Figura 14 – Pichação "Tá cego porra!!"   Figura 15 – Pichação "A União faz açúcar e nois arte"

Fonte: Verônica Sales Pereira[277]   Fonte: Douglas Nascimento[278]

---

[276] Idem.
[277] PEREIRA, 2013a, p. 17.
[278] NASCIMENTO, Douglas. Refino de Açúcar União. *Blog São Paulo Antiga*. São Paulo. 02 jun. 2009. Disponível em: https://saopauloantiga.com.br/wp-content/uploads/2009/06/uniao_02.jpg. Acesso em: 09 Set. 2009.

A Cia Antarctica Paulista, de 1888, torna-se também imenso suporte — tela e página — para grafiteiros e pichadores em seu estado intermediário entre desmoronamento "natural" e espera pelo tombamento pelos órgãos públicos de preservação. No seu topo, as letras da pichação mesclam-se às cores fortes do grafite (Figura 16). Em seu muro, um imenso grafite de um tucano, cuja posição do corpo e dimensões remetem a uma baleia cachalote, posiciona-se acima das pichações de "Mortais Cegos" (Figura 17).

Figura 16 – Grafite no topo de edifício vazio da Cia Antarctica Paulista

Figura 17 – Parede da Cia Antarctica com grafites e pichações

Fonte: Verônica Sales Pereira[279]

Fonte: Verônica Sales Pereira[280]

Numa breve síntese, elaborada por Caldeira, a autora diferencia pichação do grafite e dita suas especificidades na cidade de São Paulo[281]. Apesar da fluidez dessas fronteiras, vale destacar alguns aspectos. As primeiras manifestações do grafite migraram do campo da arte para a rua nos anos 70 e 80, tendo como referencial as vanguardas modernistas e pop art, e se autorreconhecia como uma forma de arte. Num segundo momento, o grafite hip-hop nova-iorquino terá sua inspiração, retornando da rua para o campo da arte. O uso do spray e tinta látex, bem como as imagens em grande escala, coloridas, surrealistas e abstratas, introduzem inovações técnicas e figurativas (Figura 17). A relação dos grafiteiros com o poder público seria relativamente amistosa, e suas obras teriam reconhecimento e legitimação como forma de arte pública.

---

[279] PEREIRA, 2013.
[280] PEREIRA, 2013a, p. 19.
[281] CALDEIRA, Teresa Pires do Rio. Inscrição e circulação. Novas visibilidades e configurações do espaço público em São Paulo. *Novos estudos*, n. 94, 2012.

Já a pichação seria de difícil assimilação estética e seu caráter mais transgressivo. Sua escrita não recorreria à cor e nem à figuração. Seu estilo é o "*tag* reto" ou seja, uma caligrafia com letras alongadas na vertical com linhas retas e pontas aguçadas. A pichação é considerada pelos seus membros, boa parte oriunda da periferia (ao contrário dos grafiteiros, de classe média), uma intervenção anárquica, um esporte radical, de risco e perigo, em locais de difícil acesso. Ser visto e reconhecido pela ousadia, deixar as marcas por toda a cidade, transgredir é um dos sentidos da pichação. A relação com o poder público é difícil, sendo os pichadores alvos de repressão policial e de desaprovação da população, que os associam ao vandalismo, ao ataque à propriedade privada e à degradação e à desfiguração dos espaços. As pichações são associadas à feiura e a uma vontade de destruição, no polo oposto ao da arte e beleza. De acordo com Caldeira, "Para os pichadores, porém, suas intervenções expõem as características de um espaço público ao qual dispõem de poucas formas de acesso e no qual se sentem forçados a impor sua presença"[282].

Como práticas transgressivas, tanto o grafite como a pichação, especialmente esta última, revelam a presença daqueles que deveriam se manter invisíveis, os jovens da periferia, daí os recursos agressivos para denunciar a discriminação, a criminalização, a marginalidade em seu cotidiano, sem, contudo, proporem uma integração à ordem que as produz, resistindo, assim, à assimilação. A linguagem política de ambos é ataque no plano do significante, ou seja, é contestadora em sua natureza ilícita, e não em mensagens que possam ser decifradas[283]. Ambas as práticas revelam a mobilidade urbana de seus praticantes, que saídos da periferia ocupam os espaços públicos da cidade — não apenas em seus caminhos pelo trabalho, mas também no lazer — parcialmente abandonados pelas classes médias, em seus enclaves fortificados dos condomínios fechados e shoppings[284].

Nesses lugares, as ruínas dos edifícios — causadas pelo abandono deliberado (Cia Antarctica Paulista e galpões CPTM) e pela demolição (Cia União de Refinadores) — sugerem uma leitura, cujo tema é a cegueira. Talvez ela aponte para o excesso de signos — de imagens e palavras —, possibilitando o olhar, num jogo de proximidade e distância; visibilidade e invisibilidade: das temporalidades; dos lugares (os edifícios); dos autores (pichadores/grafiteiros) e espectadores (motorista/transeunte); e das

---

[282] CALDEIRA, 2012, p. 39.
[283] CALDEIRA, 2012.
[284] CALDEIRA, 2012; CALDEIRA, Teresa Pires do Rio. Enclaves fortificados: a nova segregação urbana. *Novos Estudos Cebrap*, São Paulo, n. 47, mar. 1997.

linguagens. Na palavra ofensiva ("porra"), na ironia ("nois [faz] arte"), na desordem (sujeira) dos *tags*, nos desenhos figurativos (tucano), nas letras coloridas do grafite — a articulação entre palavra e imagem revela rastros tantos, de um passado derruído, em vias de desaparecer (os edifícios), de um presente efêmero, em vias de se apagar (palavras/imagens), da presença-ausência de seus agentes, na autoria quase indecifrável de sua assinatura, na ocupação transitória do (centro) da cidade e na sua origem à margem nas periferias. Choque e banalização sugerem esquecimento e lembrança nesse olhar outro da paisagem industrial.

No lado oposto da rua da Cia Antarctica, os muros das indústrias como Arno e T-FAL, do setor de eletrodomésticos, à época ainda em funcionamento no bairro[285], também tiveram seus muros grafitados, mas inseridos em projetos de responsabilidade social: "Aprendendo na Prática", "Padaria da Vovó", "Projeto Graffiti, Arte no Muro", "Secura! o Tito", "Os Doidão da Sapopemba". Esses projetos provavelmente contam com a participação de pichadores e grafiteiros ao envolverem jovens da Zona Leste. Panelas e eletrodomésticos, frutas e legumes são personificados em desenhos figurativos e cores singelas e convencionais.

Figura 18 – Projeto "Aprendendo na Prática" Figura 19 – Gepp e Maia. Mapa Ilustrado da Mooca

Fonte: Verônica Sales Pereira[286]   Fonte: Gepp e Maia. La Dolce Vita Nuova Mooca Projeto Tapume – Setin[287]

---

[285] A fábrica da Mooca foi fechada em 2016, após 70 anos de sua instalação, transferindo-se para Itatiaia, no Rio de Janeiro (ARNO vai fechar fábrica instalada há 70 anos no bairro da Mooca, em SP. *G1*, São Paulo, 14 abr. 2016. Disponível em https://g1.globo.com/economia/negocios/noticia/2016/04/arno-vai-fechar-fabrica-instalada-ha-70-anos-no-bairro-da-mooca-em-sp.html. Acesso em: 27 maio 2020).

[286] PEREIRA, 2013.

[287] GEPP, Haroldo George; FERREIRA, José Roberto Maia de Olivas. Mapa ilustrado. La Dolce Vita Nuova Mooca. *Projeto Tapume* – Setin. São Paulo, 2004.

Já o mercado imobiliário, em outra parte do bairro, diante da grande concorrência e fugindo das estratégias de marketing convencionais, lança, em 2004, o Projeto Tapume, no qual a incorporadora Setin empresta a ideia do Programa Monumenta, em que os tapumes que cercam as obras de restauração dos monumentos são suporte para educação patrimonial[288]. Esse projeto estava associado à construção de um dos maiores condomínios-clube residenciais e que envolveu a demolição de um antigo galpão industrial da Alpargatas. Uma das fases desse projeto contou com os chargistas Haroldo George Gepp e José Roberto Maia de Olivas Ferreira, ou Gepp & Maia, que ilustraram os tapumes das obras do condomínio[289].

A charge é um gênero textual que se popularizou em jornais e periódicos pois, em seus primórdios, visava estimular o consumo desses meios de comunicação[290]. Ela envolve uma representação humorística, de caráter crítico, persuasivo, político, a partir dos recursos da ilustração, dentre os quais está a caricatura: "aquela imagem em que se carregam os traços mais evidentes e destacados de um fato ou de uma pessoa, principalmente os seus defeitos, com a finalidade de levar ao riso"[291]. A distração e a reflexão (crítica, denúncia) caracterizam a sua função[292], fazendo referência a seu tempo, mas também a vários tempos e lugares[293], ao mesmo tempo que é efêmera, "esquecida quando o acontecimento a que se refere se apaga da nossa memória individual ou social (porém, ela permanece viva enquanto memória histórica)"[294]. Na sua apresentação ela aparece em um único quadro, é intertextual e seu caráter persuasivo usa o humor como forma de seduzir/mobilizar o leitor[295].

A história do bairro é assim retratada no mapa ilustrado, cujo eixo é a origem da industrialização e do movimento operário paulista e brasileiro. O Cotonifício Crespi aparece ao centro, destacado por um balão que o identifica, mas o que está em primeiro plano não é o prédio, mas as imagens de operários manifestando-se no início do século, em referências

---

[288] PEREIRA, 2007.
[289] Idem.
[290] MIANI, Rozinaldo Antonio. Charge: uma prática discursiva e ideológica. *9ª Arte,* São Paulo, v. 1, n. 1, p. 37-48, 2012.
[291] MIANI, 2012, p. 38.
[292] AGOSTINHO, 1993, p. 229 *apud* MIANI, 2012, p. 40.
[293] SOUZA, 1986, p. 46, *apud* MIANI, 2012, p. 40.
[294] MIANI, 2012, p. 39.
[295] CAGNIN *apud* MIANI, 2012, p. 40.

às grandes greves de 1917 e 1919. Mais à esquerda reemerge um evento: a Revolução de 1924 — um avião sobrevoa o bairro, com o copiloto lançando uma bomba.

Segundo o chargista José Roberto Maia, o mapa é uma composição da cidade, com "referências" racionais, mas também "afetivas" e "inconscientes" de seus habitantes. Sua proposta pressupõe "resgate", "provocação" e "respeito" e há três níveis ou leituras: o da historiografia; o da história testemunhada; e por fim aquelas histórias desconhecidas. Esta última, fundamental para o autor, proposta como um "enigma", que estimularia o diálogo e a pesquisa pelo transeunte/morador[296]. Maia justifica o seu trabalho para a incorporadora e a relação entre a arte e o capital, na medida em que oferece maior amplitude à arte e por estar atrelado ao marketing institucional. Isso implica a noção de responsabilidade social: o envolvimento e um compromisso social com os moradores do bairro. Para o ilustrador, a relação entre mercado, arte e sociedade "não é conciliação não, porque não existe uma guerra', mas uma negociação, na qual seu trabalho busca induzir o mercado a este compromisso com a comunidade, mais do que com o Estado"[297]. Segundo o chargista, com a sua exposição na rua, e não nas galerias, o mapa vai além de seu sentido estético, envolvendo os moradores, que produzem, localizam-se e apropriam-se de sua história — antes restrita ao saber especializado — num processo interativo. Interação, permitida pelo espaço do bairro, caracterizado pela lentidão do caminhar e do dirigir, não restrito a um local de passagem[298].

A recuperação do cotonifício, a greve de 1917/1919 e a Revolução de 1924 sugerem uma busca de esvaziar o conflito no presente. Tanto a refuncionalização do Cotonifício quanto a demolição do galpão, a partir do qual construiu-se o condomínio La Dolce Vita, ocorreram no mesmo ano de 2004. Pioneiras no contexto de *boom* imobiliário da Mooca (e Zona Leste), se a primeira fez eclodir o dissenso em torno de seu reúso, a segunda buscará apaziguar e seduzir (por meio do humor) o morador do bairro, evitando possíveis resistências. Mas na charge o lançamento da bomba sobre o nome do bairro não traria também à margem um comentário irônico sobre os efeitos destrutivos do mercado imobiliário no presente? Nessas imagens, o passado parece retornar como um rastro, um sintoma, de uma memória inconsciente a evocar o conflito.

---

[296] PEREIRA, 2007.
[297] *Ibidem*, p. 18.
[298] *Idem*.

Considerações finais

O contexto de desconcentração industrial articulada à terciarização engendra uma disputa entre o Estado, o mercado e a sociedade civil sobre o legado industrial, que envolve a mediação de suas imagens.

Essas imagens remetem aos vários tempos e espaços da cidade; às maneiras de sua apropriação e representação; às formas de visibilidade dos atores e dos lugares; às estratégias de mediação institucional, sejam do mercado, do Estado ou da sociedade civil. Desde a sua forma mais anônima (a pichação), até à mercantilizada (a publicidade), passando pela mediação do poder público (a patrimonialização), elas participam de um processo de estetização da cidade e constroem uma paisagem urbana heterogênea que, a despeito de sua crescente mercantilização, revelam um caráter conflituoso e/ou crítico — ou de politização das imagens — que limita a hegemonia econômica, pondo em questão os seus fundamentos.

As relações entre estética e política implicadas nessas imagens pressupõem a partilha do sensível,

> [...] um recorte dos tempos e espaços, do visível e do invisível, da palavra e do ruído que define ao mesmo tempo o lugar e o que está em jogo na política como forma de experiência. A política ocupa-se do que se vê e do que se pode dizer sobre o que é visto, de quem tem competência para ver e qualidade para dizer, das propriedades dos espaços e dos possíveis do tempo[299].

Os registros fotográficos das indústrias, em seu caráter documental, possuem intenções comemorativas opostas: um exalta a identidade nacional, o outro, a destruição de uma guerra civil. Feitos nos idos de 1920, serão cruciais nos processos de refuncionalização e patrimonialização dessas indústrias, quase um século depois. Mas é em especial um registro, a destruição parcial do Cotonifício Crespi na Revolução de 1924, que terá um apelo simbólico, rememorativo, lacunar, e como tal, sintomático[300].

Por meio de sua imagem, a historicidade do edifício é reconstruída, mas a partir de uma contradição — as fachadas são ruínas, e como tal, rastros do conflito: elas explicitam destruição, mas também sobrevivência. Ao mesmo tempo, as imagens do grupo

---
[299] RANCIÈRE, 2009, p. 16-17.
[300] DIDI-HUBERMAN, 2010; 2012.

de transeuntes observando os estragos do bombardeio são indício (e origem) de uma atitude contemplativa (no passado) do volume arquitetônico, das fachadas, e, nesse sentido, do seu caráter estético, que de alguma forma prepara-se (ou sobrevive) no olhar para a restauração "cenográfica" ou espetacular que vai animar o futuro consumidor. A foto remete, assim, aos rastros arquitetônicos das fachadas, à uma memória visual — do olhar contemplativo — e histórica do conflito.

No reúso do Cotonifício Crespi, a estetização patrimonial de suas fachadas, empreendida pelo mercado, é indício da submissão à lógica funcional e racionalizadora do próprio mercado, que recupera do edifício uma representação cenográfica espetacular[301] ou "disneyficada"[302]: da arquitetura vernacular destroem-se os elementos originais dos espaços internos, reduzindo-a uma imagem. Ainda assim, da sua historicidade e memória, sobrevivem os seus rastros.

Na reutilização dos Grandes Moinhos Gamba, o órgão público de preservação mantém a defesa de sua preservação integral, e reivindica também uma estética, mas que recupera a historicidade de cada elemento arquitetônico do conjunto fabril, equalizando seus valores estéticos, funcionais e históricos, articulando-os ao seu contexto urbano de origem ao enquadrar as imagens dos armazéns a partir da ferrovia. Já o mercado propõe uma leitura estética que hierarquiza aqueles valores dos edifícios do conjunto, e ao fazê-lo desarticula sua vinculação histórica ao entorno, ao enquadrar o edifício do moinho a partir da rua[303]: a valorização do edifício isolado do moinho atém-se a um ideal estético tradicional de beleza e harmonia e de monumentalidade[304]. A valorização do seu conjunto pelo órgão de preservação busca dar conta dos novos objetos paisagísticos ligados às sociedades industriais e pós-industriais — as estruturas industriais e autopistas — e às novas categorias estéticas para a sua percepção — a "mobilidade" e "funcionalidade" — na formação da paisagem industrial[305], conferindo-lhe um sentido de lugar, contrariando a abstração de sua historicidade.

---

[301] DEBORD, 1997; CHOAY, Françoise. *A alegoria do patrimônio*. São Paulo: Estação Liberdade; Ed. UNESP, 2001; JEUDY, Henry Pierre. *Espelho das Cidades*. Rio de Janeiro: Casa da Palavra, 2005.

[302] ZUKIN, Sharon. Paisagens urbanas pós modernas: mapeando cultura e poder. "Paisagens do século XXI: Notas sobre a Mudança Social e o Espaço Urbano". In: ARANTES, Antônio. *O Espaço da Diferença*. Campinas: Papirus, 2000.

[303] PEREIRA, 2013.

[304] *Idem*.

[305] BESSE, 2009 *apud* PEREIRA, 2013.

Essa dimensão estética aparece nos desenhos das fábricas nos catálogos de vendas e revela uma preocupação com a beleza da arquitetura industrial[306], inserida na lógica mercadológica não apenas da produção, mas do consumo[307]. Já em meados do século XX, essa sensibilidade em relação aos novos objetos paisagísticos, apontado por Besse[308], faz-se presente no Brasil nas práticas artísticas pictóricas pelo Grupo Santa Helena[309], que incorpora um universo industrial em expansão.

De objeto de representação, as fábricas derruídas/abandonadas tornam-se suporte físico, tela e página da inscrição estética evidente do grafite e anárquica da pichação. Suas imagens (em excesso) conferem uma visibilidade aos rastros arquitetônicos, e ao mesmo tempo provocam a cegueira do transeunte/motorista. Devido ao seu tamanho, esses rastros fabris são pontos de vista, mirantes, ainda que de acessibilidade perigosa e arriscada, em que o grafiteiro/pichador pode apreciar e questionar a cidade (e sua paisagem). Embora transgressivos, o grafite e a pichação podem ser apropriados pelo mercado nos projetos de responsabilidade social, como os muros da Arno e T-FAL, cuja estética convencional sugere uma domesticação das formas, do desenho, das cores, ou disciplinarização de seus praticantes e de suas práticas. Talvez uma higienização dos muros, sem o recurso à vigilância estrita — ou à repressão policial — aos pichadores (e ao picho).

Na utilização da charge pelo mercado como estratégia de marketing sob o selo da responsabilidade social, as imagens caricaturais fazem referência às greves de 1917/1919 e à Revolução de 1924 (novamente), que emergem como um rastro, um sintoma, uma repetição que em seu humor parece querer mediar uma aliança entre moradores e incorporadora e esconjurar o conflito e a resistência dos cidadãos à sua intervenção no bairro.

Essas imagens guardam um potencial disruptivo, entre o rastro e o esquecimento, tem um caráter espetacular, apaziguador, mas também emancipatório e crítico; remetem a distintas temporalidades, apropriadas de maneira anacrônica[310], e remetem à partilha do sensível[311]: nas deliberações dos relatórios antagônicos dos arquitetos representantes de empresas e

---

[306] SAIA, 2005.
[307] GONÇALVES, 2007.
[308] BESSE *apud* PEREIRA, 2013.
[309] FREITAS, 2009; 2011.
[310] DIDI-HUBERMAN, 2010; 2012.
[311] RANCIÈRE. Jacques. *A Partilha do Sensível*. Estética e Política. São Paulo : EXO Experimental org.; Ed. 34, 2005.

órgãos de preservação; na apropriação transgressiva do centro da cidade nas pichações e nos grafites dos jovens de camadas médias, mas também da periferia; no reconhecimento de objetos e paisagens industriais à margem no campo artístico; no humor apaziguador da charge diante da antevisão de um conflito iminente entre os moradores do bairro e a incorporadora. Os efeitos de fabricação dessas imagens revelam, portanto, a partilha do sensível, ou de um espaço comum atravessado pelas tensões ligadas à apropriação privatizada da cidade e a valorização de um espaço público comum.

Referências

ARNO vai fechar fábrica instalada há 70 anos no bairro da Mooca, em SP. *G1*, São Paulo, 14 abr. 2016. Disponível em https://g1.globo.com/economia/negocios/noticia/2016/04/arno-vai-fechar-fabrica-instalada-ha-70-anos-no-bairro-da-mooca-em-sp.html. Acesso em: 27 maio 2020.

BENJAMIN, Walter. *Obras escolhidas.* Magia e técnica, arte e política. 4. ed. São Paulo: Brasiliense, 1985.

BENJAMIN, Walter. *Obras escolhidas III.* Charles Baudelaire. Um lírico no auge do capitalismo. 2. ed. São Paulo: Brasiliense, 1991.

CALDEIRA, Teresa Pires do Rio. Enclaves fortificados: a nova segregação urbana. *Novos Estudos Cebrap*, São Paulo, n. 47, mar. 1997.

CALDEIRA, Teresa Pires do Rio. Inscrição e circulação. Novas visibilidades e configurações do espaço público em São Paulo. *Novos estudos*, n. 94, 2012.

CARONE, Edgard. *A Evolução Industrial de São Paulo (1889-1930)*. São Paulo: Editora SENAC São Paulo, 2001.

CARRILHO, Marcos. Vicissitudes da Preservação dos Remanescentes do Cotonifício Crespi. *In:* COLÓQUIO LATINOAMERICANO E INTERNACIONAL SOBRE RESCATE Y PRESERVACIÓN DEL PATRIMONIO INDUSTRIAL, 5., 2007, Buenos Aires. *Anais* [...]. Buenos Aires, 18 a 20 set. 2007.

CHOAY, Françoise. *A alegoria do patrimônio*. São Paulo: Estação Liberdade; Ed. UNESP, 2001.

COHEN, Ilka Stern. *Bombas sobre São Paulo*. A revolução de 1924. São Paulo: Editora UNESP, 2007.

DEBORD, Guy. *A Sociedade do Espetáculo*. Comentários sobre a sociedade do espetáculo. Rio de Janeiro: Contraponto, 1997.

DIDI-HUBERMAN, Georges. *O que vemos, o que nos olha*. São Paulo: Ed. 34, 2010.

DIDI-HUBERMAN, Georges. Quando as imagens tocam o real. *PÓS: Revista do Programa de Pós-graduação em Artes da EBA/UFMG*, p. 206-219, 2012.

DOLFF-BONEKÄMPER, Gabi. Sites of memory and sites of Discord: Historic Monuments as a medium for discussing conflict in Europe. *In:* FAIRCLOUGH, Graham *et al. The Heritage Reader*. London & New York: Routledge, 2008. p. 134-138.

FREITAS, Patrícia Martins Santos. Fábrica de Imagens. Análise das paisagens industriais paulistas nas obras do Grupo Santa Helena (1930-1940). *In:* ENCONTRO NACIONAL SOBRE PATRIMÔNIO INDUSTRIAL, 2., 2009, São Paulo. *Anais* [...]. São Paulo, Centro Universitário Belas Artes, 2009.

FREITAS, Patrícia Martins Santos. O Grupo Santa Helena e o universo industrial paulista (1930-1940). *Urbana*, CIEC/Unicamp, ano 3, n. 3, 2011.

GEPP, Haroldo George e FERREIRA, José Roberto Maia de Olivas. *Mapa ilustrado*. La Dolce Vita Nuova Mooca. Projeto Tapume – Setin. São Paulo, 2004.

GONÇALVES, José Reginaldo Santos. Os limites do patrimônio. *In:* LIMA FILHO, Manuel Ferreira; BELTRÃO, Jane Felipe; ECKERT, Cornelia (org.). *Antropologia e patrimônio cultural:* diálogos e desafios contemporâneos. Blumenau: Nova Letra, 2007. p. 239-248.

HARVEY, David. *Condição Pós-Moderna:* uma pesquisa sobre as origens da mudança cultural. São Paulo: Loyola, 2000.

HUYSSEN, Andreas. Passados Presentes. Midia, política, amnésia. *In:* HUYSSEN, Andreas. *Seduzidos pela Memória:* arquitetura, monumentos, mídia. Rio de Janeiro: Aeroplano, 2000, p. 9-40.

JAMESON, Frederic. *Pós-modernismo*. A lógica cultural do capitalismo tardio. São Paulo: Ática, 2002.

JEUDY, Henry Pierre. *Espelho das Cidades*. Rio de Janeiro: Casa da Palavra, 2005.

MIANI, Rozinaldo Antonio. Charge: uma prática discursiva e ideológica. *9ª Arte*, São Paulo, v. 1, n. 1, p. 37-48, 2012.

NASCIMENTO, Douglas. Refino de Açúcar União. Blog São Paulo Antiga. São Paulo. 02 jun. 2009. Disponível em: https://saopauloantiga.com.br/wp-content/uploads/2009/06/uniao_02.jpg. Acesso em: 28 out. 2024.

OUROS, Gabriel; PEREIRA, Verônica Sales. Colocando a Mooca na Moda: a mídia e a produção de paisagens urbanas de consumo e lazer em antigas áreas industriais de São Paulo. *Contemporânea*, v. 13, n. 2, p. 479-511, maio/ago. 2023.

PEREIRA, Verônica Sales. Entre arte e política: Os vários modos de ressignificação dos primeiros espaços industriais na cidade de São Paulo. *In*: ENCONTRO ANUAL DA ANPOCS, 37, 2013: Caxambu, MG. *Anais* [...]. Caxambu, MG: ANPOCS, 2013a. p. 1-29.

PEREIRA, Verônica Sales. La photographie dans la patrimonialisation du paysage industriel: Le Moulin Minetti & Gamba à São Paulo. *Espaces et Societés*, n. 1-2, p. 152-153, 2013b.

PEREIRA, Verônica Sales. Market, art, and politics: the resignification of old industrial spaces in São Paulo. *In:* XVIII ISA WORLD CONGRESS OF SOCIOLOGY, 2014, Yokohama, Japão.

RANCIÈRE. Jacques. *A Partilha do Sensível*. Estética e Política. São Paulo: EXO Experimental; Ed. 34, 2005.

ZUKIN, Sharon. Paisagens urbanas pós modernas: mapeando cultura e poder. "Paisagens do século XXI: Notas sobre a Mudança Social e o Espaço Urbano". *In*: ARANTES, Antônio. *O Espaço da Diferença*. Campinas: Papirus, 2000. p. 80-115.

Jornais

MOOCA, Parabéns à você. *Diário Oficial da Cidade de São Paulo*. São Paulo, n. 153, 13 ago. 2005.

Processos

SÃO PAULO. (SMC/Conpresp) Implantação de conjunto residencial – Antigo Conjunto Grandes Moinhos Minetti-Gamba. Processo Conpresp: 2006-0.043.310-9.

SÃO PAULO (Estado) (MP/PJMAC). Demolição do Cotonifício Crespi, localizado no quadrilátero das ruas dos Trilhos, Paes de Barros (Taquari) e Visconde de Laguna, Mooca. *Inquérito Civil*: 284/04. 2ª – PJMAC (Promotoria de Justiça do Meio Ambiente da Capital). Volumes 1, 2, 3, 4 e 5. SMA: 14.482.248/04.

CARRILHO, Marcos; GALLO, H. **Preservação e adaptação de estruturas remanescentes do Cotonifício Crespi.** Agosto de 2004. *In:* SÃO PAULO. Demolição do Cotonifício Crespi, localizado no quadrilátero das ruas dos Trilhos, Paes de Barros (Taquari) e Visconde de Laguna, Mooca. *Inquérito Civil*: 284/04. 2ª – PJMAC. Volumes 1, 2, 3, 4 e 5. SMA n. 14.482.248/04.

DIVISÃO DE PRESERVAÇÃO. **Cotonifício Crespi – Mooca. Análise de propostas de uso e de preservação.** SMC/DPH. 2004. *In:* SÃO PAULO. Demolição do Cotonifício Crespi, localizado no quadrilátero das ruas dos Trilhos, Paes de Barros (Taquari) e Visconde de Laguna, Mooca. *Inquérito Civil*: 284/04. 2ª – PJMAC. Volumes 1, 2, 3, 4 e 5. SMA n. 14.482.248/04.

HELENA SAIA ARQUITETOS ASSOCIADOS. **Grandes Moinhos Gamba.** Outubro de 2005. *In:* SÃO PAULO. SMC/Conpresp. Implantação de conjunto residencial – Antigo Conjunto Grandes Moinhos Minetti Gamba. *Processo*: 2006-0.043.310-9.

BAFFI, Mirthes; TOURINHO, Andréa; ARRUDA, Valdir; THOMAZ, Dalva. SÃO PAULO. **Grandes Moinhos Gamba como parte do Patrimônio Histórico da cidade de São Paulo.** São Paulo: SMC/DPH, 2006.

CAPÍTULO 6

SÃO PAULO NO RITMO DOS CORPOS GORDOS

Bruna Salles Braconi de Moura
Denise Bernuzzi de Sant'Anna

As cidades não são unicamente um espaço de integração cívica entre os seus habitantes. Na contemporaneidade, elas adquiriram uma dimensão gigantesca que não cessa de ultrapassar os dualismos entre centro e periferia, moradores sedentários e nômades, culturas principais e secundárias. Em muitas delas, a invenção de pontos de encontro e de referência deixou de ser prerrogativa exclusiva dos poderes públicos, dando lugar para a criação de festas e negócios inovadores, capazes de contemplar os mais diversos tipos de experiências comerciais e lúdicas.

É dentro dessa lógica que surgiram os eventos promovidos por corpos gordos e a eles dirigidos. Segundo Cooper,

> A expressão criativa e cultural forma uma parte substancial do ativismo gordo. O trabalho cultural refere-se ao ato de fazer coisas: arte, objetos, eventos, imagens estáticas e em movimento, artefatos digitais, textos, espaços, lugares e assim por diante. A produção cultural no ativismo gordo abrange arte e fotografia que tornam visível a incorporação da comunidade ativista gorda[312].

No Brasil, as produções artísticas que abordam a pessoa gorda como protagonista vêm aumentando nos últimos anos, principalmente no que se refere às plataformas digitais como o Instagram e o YouTube. Mas é importante destacar que, no cenário atual, também existem produções independentes e, principalmente, experiências que ocupam o espaço urbano.

---

[312] COOPER, C. *Fat activism*: a radical social movement. Bristol: HammerOn Press, 2016. Posições 1450-1458 (tradução nossa). "Creative and cultural expression forms a substantial part of fat activism. Cultural work refers to the act of making things: art, objects, events, still and moving images, digital artefacts, texts, spaces, places and so on. Cultural production in fat activism encompasses art and photography that makes fat embodiment and fat activist Community visible".

No campo do audiovisual, foi produzido o documentário intitulado "Gorda"[313], assinado pela influenciadora Luiza Junqueira. A obra relata a história de três meninas gordas que narram suas experiências de vida. Na fotografia, o trabalho da profissional Milena Paulina[314] consiste em eternizar de forma artística corpos de mulheres gordas, assim como ela, com o intuito de mostrar elas também existem. As bailarinas profissionais Thaís Carla[315] e Júlia Del Bianco[316] são alguns exemplos de mulheres que disponibilizam em suas redes sociais vídeos e fotos dançando.

Os eventos aqui mencionados constituem dois tipos de experiências sociais: festas e feiras. Os principais são: a Festa Toda Grandona e o Pop Plus.

Festa Toda Grandona

A Festa Toda Grandona é uma iniciativa de um grupo de ativistas e de influenciadores gordos que formaram o Coletivo Volume, o primeiro *Body Positive* e LGBT do Brasil[317]. O intuito era promover espaços de socialização para pessoas que não ficavam à vontade em ambientes nos quais não se sentiam representados. Além disso, trata-se de uma iniciativa que contribui efetivamente para tirar da obscuridade e dos limites dos espaços domésticos gordos e gordas que, desse modo, fazem-se mais presentes nas ruas. Estas, como "reverso especular da casa", local de imprevistos, onde se misturam individualidades e anonimato[318], torna-se, assim, mais sensível à presença de um movimento social que é também uma representação visual de corpos não necessariamente de acordo com as normas de saúde e beleza tradicionalmente presentes na imprensa feminina, por exemplo.

---

[313] GORDA (filme completo). *YouTube*, Tá Querida. 21 nov. 2016. Disponível em: https://www.youtube.com/watch?v=PVozftI7Ebs. Acesso em: 31 abr. 2020.
[314] Olhar de Paulina. Disponível em: https://olhardepaulina.com. Acesso em: 31 abr. 2020.
[315] Thais Carla. Instagram: @thaiscarla. Disponível em: https://www.instagram.com/thaiscarla. Acesso em: 31 abr. 2020.
[316] Júlia Del Bianco Ballet Plus. Instagram: @judelbi. Disponível em: https://www.instagram.com/judelbi. Acesso em: 3 abr. 2020.
[317] Toda Grandona. Instagram: @todagrandona. Disponível em: https://www.instagram.com/todagrandona/?hl=pt-br. Acesso em: 20 jun. 2018.
[318] FABRIS, Annateresa, *Fragmentos urbanos. Representações Culturais*, S. Paulo, Studio Nobel, p. 71.

Assim, no dia 24 de fevereiro de 2018, a jornalista, escritora e *youtuber* Alexandra Gurgel[319], os *youtubers* Beta Boechat[320] e Caio Cal[321], a publicitária e ativista Juliana Rangel[322] e o diretor criativo Ricardo Lima[323] anunciaram a primeira edição da Toda Grandona, uma festa "REALMENTE *body positive*"[324].

O evento ocorreu na movimentada e ruidosa Rua Augusta, número 584, na capital paulista, em um pequeno espaço conhecido como Bar do Netão. A escolha do endereço não poderia ter sido mais acertada, uma vez que a Rua Augusta é muito conhecida entre os jovens que saem dos mais variados bairros de São Paulo e que, graças à estação Consolação do metrô (linha verde) e à infinidade de linhas de ônibus que cruzam a Avenida Paulista, encontram-se nela para irem aos bares ou então passarem horas bebendo e conversando nas calçadas, madrugada afora, ou até a reabertura das estações do metrô.

Figura 1 – Primeira edição da Festa Toda Grandona

Fonte: Instagram Toda Grandona[325]

---

[319] Alexandra Gurgel (Alexandrismos) Disponível em: https://www.instagram.com/alexandragurgel. Acesso em: 26 maio 2019.
[320] Roberta Boechat. Instagram: @betaboechat. Disponível em: https://www.instagram.com/betaboechat. Acesso em: 26 maio 2019.
[321] Caio Revela. Instagram: @caiorevela. Disponível em: https://www.instagram.com/caiorevela. Acesso em: 26 maio 2019.
[322] Juliana Rangel. Instagram: @soujurangel. Disponível em: https://www.instagram.com/soujurangel. Acesso em: 26 maio 2019.
[323] Ricardo SML. Instagram: @ricardosml. Disponível em: https://www.instagram.com/ricardosml. Acesso em: 26 maio 2019.
[324] TODA GRANDONA. Primeira edição da Festa Toda Grandona. Instagram: @todagrandona. *Instagram*, 2018a. Disponível em: https://www.instagram.com/p/BfRWCUwFO87. Acesso em: 18 jun. 2019.
[325] *Idem*.

Já a segunda edição da festa ocorreu em 13 de abril de 2018, também na Rua Augusta: o Mono Club foi o lugar eleito para receber uma festa *open bar* que durou até o amanhecer. Tais eventos borram as fronteiras entre espaços fechados, exclusivos, e os locais públicos, como as ruas, os meios de transporte coletivos, as esquinas, as calçadas pois a circulação dos frequentadores tende a se fazer visível em diversos pontos da cidade. A visão íntima do mundo proporcionada pelas redes sociais, diante das telas pessoais — Facebook, Instagram etc. —, tende nesse caso a ser prolongada e modificada a céu aberto, contrariando o risco de isolamento indicado por Sennet em um texto seminal para a compreensão das "tribos contemporâneas" e suas relações com as cidades[326].

Dois meses depois, houve mais uma edição da Toda Grandona com a seguinte novidade: a festa agora ocorreria no mesmo dia do Pop Plus. Em uma ação promocional durante a feira, alguns balões com as letras TGD (Toda GranDona) circularam pelo salão do abarrotado Club Homs; se alguma cliente comprasse algo no estande em que estivessem os balões, ganharia um ingresso VIP para a festa. Posteriormente, as calçadas da Rua Luis Murat, 370, em especial na The L Clube[327], ficaram lotadas pelo público ansioso pela festa que, dessa vez, aconteceu no bairro boêmio da Vila Madalena. A expectativa da noite foi o lançamento ao vivo da música, e também do clipe, da dupla Rap Plus Size, escrita especialmente para a festa e "considerada hino por quem frequenta o evento"[328].

---

[326] SENNET, Richard. La menace du tribalisme. *In*: ANSAY, P.; SHOONBRODT, R. *Penser la ville, choix de textes philosophiques*. Paris: AAM. 1998. p. 282.

[327] The L Club – A Festa. Instagram: @thelclub_. Disponível em: https://www.instagram.com/thelclub_/?hl=pt-br. Acesso em: 20 jun. 2019.

[328] CORTÊZ, Natacha. Rap Plus Size: elas querem te fazer pensar a gordofobia e descer até o chão. *Universa UOL*, 29 jun. 2018. Disponível em: https://universa.uol.com.br/noticias/redacao/2018/06/29/esta-dupla-de--rap-quer- te-fazer-pensar-a-gordofobia-e-descer-ate-o-chao.htm. Acesso em: 23 set. 2024.

Figura 2 – EVENTO NA BIO! ● CONFIRME SUA PARTICIPAÇÃO E AJUDE A GENTE A DIVULGAR! 💟 #TodaGrandona

Fonte: Instagram Toda Grandona[329]

Durante o segundo semestre de 2018, foram mais duas edições da festa, sendo que ambas também ocorreram em concomitância com o Pop Plus. Agora, a Festa Toda Grandona, já conhecida e difundida pelo público que frequenta o evento em São Paulo, saiu da Vila Madalena e foi para a casa noturna Estação Marquês, na Barra Funda, bairro conhecido pela grande quantidade de boates e espaços de shows. Além de música, a festa teve a performance de Bielo e apresentação da *drag queen* Kika Boom. Esses eventos, ao circularem pela cidade, promovem, desde então, uma espécie de afirmação da visibilidade pública de um coletivo com poucas oportunidades de serem amplamente reconhecidos como cidadãos, com direitos de circular e de estar em todos os lugares.

---

[329] TODA GRANDONA. Flyer da festa Toda Grandona. Instagram: @todagrandona. *Instagram*, 2018b. Disponível em: https://www.instagram.com/p/BjILJDahRDx. Acesso em: 20 jun. 2019.

No entanto, graças ao sucesso das edições noturnas, o Coletivo Volume expandiu a festa também para o dia. Um ano após a primeira edição, os organizadores fundaram a Toda Grandona *Pool Party*. O evento, que inicialmente seria nos finais de semana dos dias 3 e 10 de fevereiro de 2018, ganhou uma nova data, o dia 24 do mesmo mês, devido ao sucesso das vendas dos ingressos que esgotaram em menos de doze horas. Os três dias de festa ocorreram no mesmo local, a Casa Híbrida, um espaço que dispõe de uma piscina grande o suficiente para abrigar muitas pessoas e receber eventos desse porte.

É fato que festas na piscina podem ser eventos frustrantes para quem não se sente à vontade diante dos olhos dos outros. Contudo, o coletivo organizador produziu um ambiente com a premissa de que todos os corpos eram bem-vindos. E nos dias da festa havia uma diversidade de corpos ocupando um espaço concebido precisamente para eles, sem discriminações ou expressão pública de preconceitos. Ficou a impressão de que os convivas tinham como objetivo se refrescar do calor e se divertir, sem a preocupação com as opiniões e os julgamentos alheios.

As edições tiveram aquilo que se espera de uma festa animada: música, bebida e piscina. Os participantes utilizavam todos os tipos de trajes de banho: *shorts*, sungas, maiôs e biquínis, sendo este último uma vestimenta constantemente vetada em situações nas quais há "gordurinhas indesejadas à mostra"[330], como apregoam inúmeras reportagens sobre beleza e saúde espalhadas em revistas femininas e em outros tipos de mídia. Ora, o Brasil é um país de clima quente e com um verão que, em inúmeras cidades, tem ultrapassado os 40 graus nos últimos anos. Assim, torna-se cada vez mais importante garantir para todos o direito às atividades refrescantes, que envolvam banhos de mar ou de piscina. Na contramão desses direitos, a história dos conselhos de beleza e moda em revistas femininas tenderam, durante décadas, a constranger o acesso das gordas às piscinas e praias.

As edições da Festa Toda Grandona *Pool Party* seguiram os mesmos moldes de uma tradicional festa na piscina. Porém, seu sucesso se deve à concepção de um espaço no qual era possível se sentir confortável vestindo trajes de banho. A ideia de se criar uma atmosfera de acolhimento não seria uma novidade ou exclusividade do referido evento. Segundo Cooper,

---

[330] Alusão à expressão "teste da praia", utilizada por Denise Sant'Anna. *Cf*.: SANT'ANNA, Denise Bernuzzi de. *Gordos, magros e obesos*. São Paulo: Estação Liberdade, 2016; e também: SANT'ANNA, Denise Bernuzzi de. Da gordinha a obesa: paradoxos de uma história das mulheres. *Labrys Estudos Feministas*, jan./jun. 2014. Disponível em: https://www.labrys.net.br/labrys25/corps/denise.htm. Acesso em: 28 mar. 2020.

as precursoras dessa compreensão foram mulheres gordas e lésbicas que conceberam um espaço semelhante na cidade de São Francisco, no estado da Califórnia, Estados Unidos, no início dos anos 1980. A intenção era acolher e "normalizar" o corpo gordo, fazendo com que as pessoas aproveitassem os mais diversos encontros sociais e se sentissem à vontade[331].

Em sua maioria, o público que frequentou as festas era formado por jovens até os 40 anos, incluindo parte da comunidade LGBTQIAPN+, usuários de redes sociais e interessados em assuntos relacionados à moda.

Festa Toda Grandona na Virada Cultural

A Virada Cultural de São Paulo teve a sua primeira edição em 2005, por uma iniciativa do poder público, com o intuito de instigar a população a frequentar as ruas do centro da cidade por meio de atividades culturais. Inspirada na *Nuit Blanche* parisiense, os cidadãos podem aproveitar 24 horas de artes, música, dança e manifestações populares pensadas para reestabelecer os vínculos entre a população e a cidade.

Com o passar dos anos e o consequente sucesso das edições, houve um aumento significativo do público na Virada Cultural, o que fez com que o evento atraísse uma grande quantidade de turistas para a cidade. O êxito foi tamanho que a Virada se tornou um dos eventos mais procurado pelos turistas que se programam para ir a São Paulo. No ano de 2019, 5 milhões de pessoas ocuparam o centro histórico da cidade[332].

Esse é, portanto, um acontecimento democrático, com atividades gratuitas — ou a pequenos preços — e localizada estrategicamente em lugares próximos às estações de metrô e a pontos de ônibus. A Virada cumpre com a sua principal função: ser o espaço de/para todos, um lugar de igualdade e de livre expressão, com um a programação plural.

Nesse contexto de diversidade, a edição extra da Festa Toda Grandona foi de caráter positivo no sentido de oferecer um espaço social seguro para o seu público. A festa ocorreu no dia 19 de maio de 2019, durante a tarde, entre as ruas Aurora e Vieira de Carvalho. Ao contrário das edições noturnas e da festa na piscina, a edição Toda Grandona na Virada Cultural teve entrada gratuita e foi aberta ao público em geral.

---

[331] COOPER, 2016.

[332] VIRADA Cultural 2019 atrai cinco milhões de pessoas em São Paulo. *Prefeitura de São Paulo*, Notícias, 19 maio 2019. Disponível em: http://www.capital.sp.gov.br/noticia/virada-cultural-2019-atrai-cinco-milhoes- -de- pessoas-em-sao-paulo. Acesso em: 24 set. 2024.

Figura 3 – 🚨 ATENÇÃO SÃO PAULO 🚨 Já separa domingo dia 19/05 pra curtir a #TODAGRANDONA na #ViradaCultural das 12h às 18h de graça na rua (Aurora x Vieira de Carvalho) 🌝🌚 ✨ ✨ ✨ ANSIOSOSSSS?

Fonte: Instagram Toda Grandona[333]

A festa, com esse formato, atraiu diversos tipos de público, desde os que conheciam a proposta do coletivo até curiosos que estavam passando pelo local e resolveram conferir a atração. O evento encheu aos poucos e, no final da tarde, próximo do horário de seu encerramento, havia um público considerável. Ou seja, a partir desse momento, observa-se um hibridismo social entre a festa Toda Grandona e a Virada, o que favoreceria, doravante, uma ampliação da presença de gordos e gordas em outros eventos programados e financiados pelos poderes públicos na cidade.

Edições no Rio de Janeiro

O Coletivo Volume não se limitou a lançar a festa e as ações apenas na cidade de São Paulo, pois também desembarcou no Rio de Janeiro, já que todos os seus integrantes são cariocas e se mudaram para São Paulo há menos de cinco anos. As duas edições da festa também ocorreram nos mesmos dias do Rio Plus, outra feira multimarcas de moda *plus size*,

---

[333] TODA GRANDONA. Flyer da festa Toda Grandona. Instagram: @todagrandona. *Instagram*, 2019. Disponível em: https://www.instagram.com/p/BxPyOGuj79o. Acesso em: 20 jun. 2019.

ocorrida em Copacabana, na Zona Sul da cidade. A primeira Toda Grandona do Rio aconteceu no dia 18 de agosto de 2018, e a segunda, no dia 1º de dezembro do mesmo ano, ambas no Espaço Rampa, local de festas cujo ambiente é aberto e arejado, localizado do bairro de Botafogo, ótima área para ver o sol nascer, já que fica na beira da praia.

As duas edições da festa seguiram a mesma tendência das versões paulistanas, com música pop e funk predominando na pista de dança, público diverso e casa cheia.

Figura 4 – Achou que a gente não ia fazer nada no nosso patrocinador lindo @rio.plus? ACHOU ERRADO, BB! A equipe inteira da Toda Grandona vai estar presente no evento de 12h às 15h, nas nossas lojas parceiras incríveis [...]

Fonte: Instagram Toda Grandona[334]

Além desses eventos, o Coletivo Volume investiu também na moda. Os ativistas produziram camisetas personalizadas de diversos modelos e tamanhos. Parte delas continha frases ou apenas palavras, por exemplo: "nenhum kg a menos", "corpo todo, corpo gordo, corpo livre", "*fatness*", "toda grandona", "gordoridade" e "deus é gorda".

---

[334] TODA GRANDONA. Flyer da festa Toda Grandona. Instagram: @todagrandona. *Instagram*, 2018c. Disponível em: https://www.instagram.com/p/Bml2. Acesso em: 20 jun. 2019.

Embora esses acontecimentos mencionados tenham sido recentes, parece haver uma tentativa de se criar laços para a possível formação de uma comunidade. Parte do público que compareceu às festas também esteve nas feiras de moda, é seguidor das redes sociais tanto do coletivo como de seus integrantes e interage por meio dos comentários do Instagram.

No final do ano de 2019, o coletivo publicou um *post* no Instagram anunciando o encerramento de suas atividades. Desde então, não houve mais postagens e tampouco ações de seus integrantes.

O Pop Plus e outras feiras de moda *plus size*

Não é novidade que a moda ignora pessoas gordas, haja vista que a maioria da produção de roupas não vai além da grade tradicional de tamanhos (P, M, G), o que torna a busca por vestimentas maiores uma tarefa tortuosa e quase impossível. Caminhar em shoppings e entrar em lojas de roupas com o intuito de comprar algo que sirva aos que vestem acima do tamanho 48 tende a ser uma situação desconfortável e frustrante.

Um dos motivos pelos quais a indústria da moda *plus size* cresceu ao longo dos últimos anos foi justamente a experiência pessoal de suas idealizadoras. Ilustrativo a esse respeito é a história da criação da marca norte-americana Universal Standard, que atualmente é a varejista com maior inclusão de tamanhos diversos, com uma grade que vai do 00 ao 40 — equivalente à numeração 34 até o 74 nas medidas brasileiras. Uma das fundadoras da marca, Alexandra Waldman, não conseguia encontrar roupas para mulheres gordas que não fossem infantilizadas ou sexualizadas demais[335]. A Universal Standard *é* uma marca ainda recente, mas vem quebrando paradigmas desde o seu lançamento. Um de seus diferenciais é o *Fit Liberty*, uma linha de roupas que, pelo período de um ano, pode ser trocada sem custos caso a cliente aumente ou diminua o número de seu manequim.

Com a ascensão do *e-commerce*, foi possível acompanhar o surgimento de várias pequenas marcas *plus size*. Elas geralmente possuem fabricação familiar e não contam com um estoque de roupas. É possível citar como exemplo a Wear Ever, marca vegana e 100% brasileira que

---

[335] GRIFFIN, Annaliese. At Universal Standard, plus-size clothing is just clothing. *Quartz*, 13 set. 2018. Disponível em: https://qz.com/quartzy/1374765/at-universal-standard-plus-size-clothing-is-just-clothing. Acesso em: 24 set. 2024.

evita o estoque, produzindo peças apenas após o pagamento da cliente. A empresa, que também é familiar, dispõe de grade estendida de peças com os mesmos modelos, que vão do PP ao 4G.

Atualmente, o protagonismo em relação à moda *plus size* se concentra na capital paulista por reunir lojas voltadas a esse público e, também, em decorrência de eventos que tiveram início na cidade. São Paulo foi, nesse sentido, um importante propulsor da moda para as gordas e ao mesmo tempo um exportador de tendências para outras cidades do país. Segundo a Associação Brasil Plus Size (ABPS), esse segmento vem crescendo de forma constante no Brasil, sendo que, em 2018, movimentou cerca de 7 bilhões de reais. Mesmo assim, ainda é necessário encontrar maneiras alternativas para atender a essa parcela do mercado consumidor. Foi justamente com esse intuito que surgiu o Bazar Pop Plus. Sua primeira edição se deu em dezembro de 2012, momento em que ainda pouco se falava em moda *plus size*. A fundadora da feira, Flavia Durante, relatou que começou a vender biquínis para as amigas como uma forma de ganhar uma renda extra, mas, ao começar a engordar, já depois de adulta, percebeu que as pessoas gordas eram invisibilizadas e que não havia espaços de socialização e tampouco lugares para que esse público pudesse consumir roupas. E assim surgiu a feira na cidade de São Paulo, que em 2019 alcançou a sua 27ª edição[336].

O Pop Plus, inicialmente chamado Bazar Pop Plus Size, ocorre atualmente quatro vezes ao ano (março, junho, setembro e dezembro). Já passou por diversos locais da cidade de São Paulo e agora ocupa os salões do Club Homs, na Avenida Paulista. A localização na qual a feira se encontra tem uma importância simbólica, pois trata-se de um dos endereços que até então não costumava receber aquele público.

No decorrer de suas edições, as programações variavam, mas a ideia central foi sempre a de conceber um ambiente multicultural e repleto de atrações, tais como música, dança, exposições, apresentações e, claro, moda. Dezenas de marcas foram incorporadas ao evento, desde 2012 até 2019, fato que justificou a necessidade de aumentar o espaço físico em que o Pop Plus era realizado. Em 2012, por exemplo, foram apenas nove expositores participantes e, já nos anos seguintes, o crescimento foi de 900%[337].

---

[336] Evento realizado nos dias 7 e 8 de dezembro de 2019.

[337] DUARTE, Nicole. Veja o mapa da 27ª edição do Pop Plus. *Pop Plus*, 29 nov. 2019. Disponível em: https://popplus.com.br/2019/11/29/veja-o-mapa-da-27a-edicao-do-pop-plus/. Acesso em: 24 set. 2024.

Atualmente, o Pop Plus não é apenas uma feira de moda, é também um lugar de acolhimento, de pertencimento, em que as pessoas se encontram, se conhecem e compartilham histórias e vivências, além de encontrar roupas para os seus corpos. Para Durante, fundadora da feira, a expectativa do evento começa já alguns dias antes, nas redes sociais: "É uma verdadeira Disneylândia, né? Como eu costumo dizer, Disneylândia das gordas"[338].

O Pop Plus é um espaço de sociabilidade, pois conecta as pessoas que estão ali presentes por terem algo em comum — sejam as histórias de vida, sejam as dificuldades de encontrar roupas e acessórios — e afinidades. Isto é, o corpo é o ponto principal e é o que conecta as pessoas que vão à feira. Entretanto, a partir dele surgem relações que se externalizam para além daquele espaço e começam a fazer parte do cotidiano da cidade e de milhares de seus habitantes.

Além das atividades regulares do final de semana do Pop Plus, em algumas edições Durante também incluiu palestras e rodas de conversas. A primeira ocorreu em 5 de maio de 2016, quando o evento ainda era em um salão no bairro do Paraíso. O tema foi "Atendimento ao público *plus size*" e teve a participação de jornalistas do portal gordxs.com.br e da blogueira, modelo e consultora de moda Débora Fernandes[339]. Posteriormente, foi iniciada outra palestra: "Precisamos falar sobre moda para gordos", com a discussão acerca da moda *plus size* para homens.

Desde então, outros debates surgiram. Ainda em setembro de 2016, a mesa cujo tema era "O que é ser '*plus size*'?" foi mediada por Rafa Coelho, do blog Da Plus[340], com participação da doutora em Comunicação e Semiótica Patrícia Assuf Nechar e também de Glenda Cardoso, autora do blog Curvilíneos[341]. Outra mesa de debate, realizada no mesmo final de semana, tratou do tema "Mercado de Trabalho", com mediação da publicitária e executiva Alcione Ribeiro Matsumoto[342], contando com os comentários da advogada e blogueira Vanessa Raya[343] e de Bruno Barreto, da área de relações públicas. Abordar as dificuldades de inserção de pessoas gordas no mercado de trabalho é tema que tem sido debatido já há algum tempo;

---

[338] DURANTE, Flávia. Entrevista cedida a Bruna Salles Braconi de Moura. São Paulo, 13 maio 2019.
[339] Débora Fernandes Plus. Disponível em: http://deborafernandesplus.com.br. Acesso em: 20 maio 2019.
[340] Rafa Coelho. Instagram: @rafacoelhodiniz. Disponível em: https://www.instagram.com/rafacoelhodiniz/?hl=pt-br. Acesso em: 20 maio 2019.
[341] Curvilíneos. Disponível em: https://www.curvilineos.com.br. Acesso em: 20 maio 2019.
[342] Alcione Ribeiro Matsumoto. Instagram: @alcita_ribeiro.
[343] Sapatinho de Cristal. Disponível em: http://sapatinhodecristal.com.br. Acesso em: 20 maio 2019.

inúmeros são os relatos daqueles que passam por dificuldades para arrumar um emprego ou, quando chegam perto de conseguir a vaga, recebem uma resposta negativa da empresa. As justificativas para a recusa não faltam e até o tamanho do uniforme[344] pode interferir na contratação de uma pessoa gorda. A entrevista de emprego também pode ser um momento constrangedor, visto que o candidato pode ser surpreendido com algumas perguntas dos recrutadores, principalmente quando referem-se a quantos quilos a pessoa pesa[345].

E, para finalizar o dia 17, a terceira mesa do evento foi sobre "A imagem gorda na cultura *pop*", que teve Marília Almeida como mediadora e, como participantes, a blogueira e influenciadora Juliana Romano[346] e o blogueiro Thiago Barbolla[347].

No dia 18, novos debates foram realizados: "Como descobrir seu estilo", mediado pela blogueira Bia Peca[348] e comentado por Rafa Coelho, da Dasplus, e também por Natalia Nascimento[349], autora do canal "Estilosos no metrô". Por se tratar de assunto recente, as consumidoras de moda *plus size* ainda podem ter certa dificuldade ao buscarem uma peça de roupa que tenha um estilo que as agrade, pois, devido ao fato de ser um mercado ainda carente e com poucas modelagens disponíveis, criou-se o hábito de "comprar o que tem". Ou seja, a falta de opções diminui drasticamente as chances de se vestir com algo do que se gosta. Outro ponto a ser considerado é o equívoco das pessoas ao confundirem *plus size* com estilo. Durante explica que:

> "Plus size" não é um estilo único e não é um rótulo para pessoas, é somente um termo mercadológico para definir o tamanho das roupas. Existem mulheres curvilíneas e gordas que se vestem com o estilo clássico, outras, que são modernas, esportivas, românticas, vintage, sexy, hippie chic, minimalistas, alternativas; enfim, somos plurais! Parece

---

[344] BRANDALISE, Camila. Gordofobia: 10 frases preconceituosas que as pessoas falam sem perceber. *Universa UOL*, 30 ago. 2018. Disponível em: https://www.uol.com.br/universa/noticias/redacao/2018/08/30/gordofobia10-frases-preconceituosas- que-as-pessoas-falam-sem-perceber.htm. Acesso em: 24 set. 2024.

[345] GOMES, Mariana; DIAS, Claudio. "Vai entalar": como elas lidam com a gordofobia no ambiente profissional. *Universa UOL*, 14 ago. 2019. Disponível em: https://www.uol.com.br/universa/noticias/redacao/2019/08/14/vai-entalar-como-elas-lidam-com-a- gordofobia-no-ambiente-profissional.htm. Acesso em: 24 set. 2024.

[346] Ju Romano. Entre Topetes e Vinis. Disponível em: http://juromano.com. Acesso em: 20 maio 2019.

[347] Judão. Disponível em: http://judao.com.br/author/borbs/#.XQFhshZKipo. Acesso em: 20 maio 2019.

[348] Mundo Plus Size 1. Instagram: @mundoplussize1. Disponível em: https://www.instagram.com/mundoplussize1/?hl=pt-br. Acesso em: 20 maio 2019.

[349] Estilosos no metrô. Disponível em: https://www.facebook.com/estilososnometro. Acesso em: 20 maio 2019.

óbvio, mas muitos ainda não entenderam isso, acham que é tudo uma coisa só e que todas querem esconder suas formas em roupas escuras, largas e sem modelagem[350].

Posteriormente, teve início o debate sobre "Acessibilidade", com participação da jornalista Tata Correia, da ativista Rachel Patricio, da arquiteta Kaisa Tembela e da engenheira civil Vivianne Oliveira. Esse tema também tem sido recorrente nas discussões. Uma cidade e uma moda acessíveis a todos tendem aqui a se manterem intimamente relacionadas entre si. As dificuldades para se locomover usando o transporte público, por exemplo, começam já com as catracas dos ônibus ou das estações de metrô, as quais não foram desenvolvidas com espaço suficiente para que uma pessoa gorda possa, sem dificuldades, utilizá-las. As queixas também surgem em relação aos assentos de metrô, ônibus e aviões, poltronas de cinemas, de teatros, entre outras. Para fechar as atividades desse dia, a última conversa tratou do tema "Sexualidade e Relacionamento", mediada pela blogueira Paula Bastos[351], com a participação da também blogueira Mariana Lima[352] e da consultora Laura Levi.

No ano de 2017, as palestras ocorreram apenas no Pop Plus de setembro. A quantidade de rodas de conversas também diminuiu, foram apenas duas: "Representatividade Asiática", mediada por Nic Duarte[353] e com a participação de Rebeca Bex, advogada e criadora do Tabemashou – Culinária Japonesa, da projetista Nadya Gushiken e da DJ, *hostess* e *performer* Gina Yamamoto. Há na comunidade asiática um estereotipo de que todas as mulheres são magras, e o debate foi acerca da falta de representatividade de mulheres asiáticas gordas nesse meio; a outra roda de conversa teve como tema "Gordas no esporte" e as convidadas foram Fabiana Martinez, do Gorda Esporte Clube, a ciclista Niege Benedito, a corredora de rua Danielle Monteiro e também a equipe de futebol americano feminino da Portuguesa[354].

No ano de 2018, houve esse tipo de atividade em todas as edições. No dia 3 de março, o debate "Além do 54" foi tema principal do Pop Plus, visto que pessoas que vestem acima dessa numeração ainda são excluídas

---

[350] DURANTE, Flavia. Plus size não é um estilo; é um tamanho de roupa. *Universa UOL*, 16 dez. 2018c. Disponível em: https://flaviadurante.blogosfera.uol.com.br/2018/12/06/plus-size-nao-e-um-estilo-e-um-tamanho-de--roupa. Acesso em: 26 maio 2020. s/p.
[351] Grandes Mulheres. Disponível em: https://grandesmulheres.com.br. Acesso em: 20 maio 2019.
[352] Moda Plus Size Brasil. Instagram: @modaplussizebr. Disponível em: https://www.instagram.com/modaplussizebr. Acesso em: 20 maio 2019.
[353] O cabide. Disponível em: http://ocabide.com/?tag=nic-duarte. Acesso em: 20 maio 2019.
[354] VEJA qual é a programação extra Pop Plus de setembro. *Pop Plus*, 6 set. 2017. Disponível em: https://popplus.com.br/2017/09/06/veja-qual-e-a-programacao-extra-do-pop-plus-de-setembro. Acesso em: 24 set. 2024.

da moda *plus size*. A mesa foi composta pela jornalista Tata Correia, pela diretora de arte e professora Drika Lucena, pela diretora do Coletivo África *Plus Size* Luciane Barros e pela *youtuber* e ativista Beta Boechat. A questão é que muitas lojas, principalmente as físicas, que alegam ter "tamanhos grandes" não ampliaram a grade de numeração. Mesmo em feiras de moda *plus size* ainda não é fácil encontrar roupas com tamanhos maiores que 54. Há poucas opções com informação de moda e de tendências. Além disso, há problemas também com a modelagem, já que os tamanhos não são padronizados.

No dia seguinte, houve a roda de conversa "Outras realidades", que discutiu a moda inclusiva, ou seja, a inserção de pessoa deficiente visual, cadeirante ou de baixa estatura. O *talk* foi mediado pela criadora de conteúdo Nic Duarte e teve a participação de Heloisa Rocha, jornalista e criadora do projeto Moda em Rodas, de Michele Simões, consultora de moda e fundadora do projeto Meu Corpo é Real, da advogada Emanuelle Alkmin e de Ana Clara Schneider, idealizadora da Sondery.

Na edição de junho de 2018[355], o *talk* do dia 16 foi sobre "Como educar seus filhos para a diversidade", com a participação de Carol Patrocínio e Rachel Patrício. A conversa tratou de possíveis saídas e argumentos para criar e educar crianças em um mundo diverso, buscando fortalecer a identidade e a autoestima em uma realidade preconceituosa e intolerante.

No dia 17, foi a vez do debate intitulado "Ativismo, autocuidado e saúde mental", sobre como manter a sanidade mental em uma sociedade gordofóbica. A mesa foi mediada por Nic Duarte e reuniu o psicanalista Daniel Guimarães, a publicitária e ativista Talita Crespi Gonçalves e a blogueira Kalli Fonseca.

Em setembro, houve um debate sobre gordofobia médica e violência obstétrica, temas que surgiram após Durante, a fundadora da feira, lançar uma *hashtag* em suas redes sociais solicitando às seguidoras que contassem algum episódio em que passaram por essas situações[356]. O bate-papo foi mediado por Mariana Lima e teve participação da médica Denize Ornelas, da doula e consultora materna Rina Pri, da ativista Deh Bastos e da nutricionista Roberta Stella. À época, vários relatos foram feitos, e Durante escreveu uma matéria para o portal Universa, explicando que:

---

[355] Pop Plus. Saiba tudo o que rolou no Pop Plus 21. 2018. Disponível em: https://popplus.com.br/2018/06/20/saiba-tudo-o-que-rolou-no-pop-plus-21/. Acesso em: 16 out. 2024.

[356] DURANTE, Flávia. Gordofobia Médica. *Instagram*, 2018a. Instagram: @flaviadurante. Disponível em: https://www.instagram.com/stories/highlights/17847695860304777. Acesso em: 20 maio 2019.

> [...] mesmo que ser gordo fosse uma doença, isso não dá o direito a profissionais da saúde tratarem pessoas gordas como subumanas. É fundamental reconhecer que ser gordo não é questão de "falta de vergonha na cara". Pessoas são gordas por diversos motivos, não só por "comerem demais". Podem também ter metabolismo lento, passar por transtornos alimentares, terem tomado algum medicamento que desencadeou o ganho de peso, serem sedentárias, passarem por disfunções hormonais, não terem como manter uma alimentação saudável ou simplesmente por genética. E absolutamente todas merecem respeito e tratamento digno[357].

Em dezembro, na última feira do ano de 2018[358], o primeiro dia teve como programação: debate "Gordas viajantes", em que foram discutidos temas como acessibilidade, segurança, preconceito e tratamento às mulheres gordas em diferentes países. A mediação foi da turismóloga Alice Primo, com participação da jornalista, modelo e blogueira Sylvia Barreto, da química Tatiana Oldfield e da *youtuber* e empresária Mariana Nóbrega.

Posteriormente, teve início o "Mutirão de trabalho", com dicas de moda, de como aperfeiçoar currículos, orientações para entrevistas de emprego etc. O debate contou com a presença da psicóloga Fabiana Souza e da consultora de estilo Isabela Frossard. Participaram da mentoria do mutirão a publicitária Ana Laura Mello, a blogueira e influenciadora Dani Rudz, a dançarina Thaís Carla e o profissional de relações públicas Bruno Barreto.

No domingo, dia 9, a psicóloga Laís Oliveira, fundadora do Psicoplus, iniciativa voltada à discussão sobre autoestima e identidade da mulher gorda, promoveu uma dinâmica entre as participantes na plateia.

Para finalizar a programação do dia e também do evento, foi realizado o debate "Corpo gordo como resistência", em que as pesquisadoras do tema debateram sobre as dificuldades da pessoa gorda, o crescimento do ativismo gordo na internet, a presença do corpo gordo na mídia e também avaliaram os avanços dos dez anos de moda *plus size* no Brasil. Participaram dessa mesa Patricia Nechar, como mediadora, e como

---

[357] DURANTE, Flavia. Gordofobia também é parte da violência obstetrícia. *Universa UOL*. 31 jul. 2018b. Disponível em: https://flaviadurante.blogosfera.uol.com.br/2018/07/31/gordofobia-tambem-e-parte-da-violencia-obstetrica. Acesso em: 26 maio 2020.

[358] Pop Plus. Saiba tudo o que rolou no Pop Plus 22. Disponível em: https://popplus.com.br/?s=SAIBA+TUDO+O+QUE+ROLOU+NO+POP+PLUS+22. Acesso em: 16 out. 2024.

debatedoras a doutora Rosane Gomes, a mestra em Sociologia Política Natália Rangel, a doutora em Estudos da Cultura Contemporânea Maria Luisa Jimenez e Bruna Salles.

Interessante observar como, progressivamente, todo esse movimento em prol dos corpos gordos conquistou espaços sociais na cidade mas também constituiu um campo de conhecimento sobre o tema, ampliando os seus vínculos com as mais diversas problemáticas características da época contemporânea. Temas referentes à saúde, à família, à alimentação, à economia, à sexualidade, à moda foram chamados aos vários encontros para serem debatidos e, portanto, é possível concluir que o campo de saberes e de troca de experiências produzido propiciou uma politização do que é ser gorda e gordo em nossos dias.

No ano de 2019, além da versão paulistana, o Pop Plus também partiu rumo ao interior paulista. Foi organizada uma edição extra na cidade de Campinas, a cerca de 100 km da capital. Com a mesma receita de São Paulo, o Pop Plus aconteceu nos dias 17 e 18 de agosto na Estação Cultura, um espaço multicultural e palco de apresentações artísticas, encontros de *food trucks* etc. Tal como ocorria no Club Homs, a entrada também era gratuita. Foram cerca de 50 expositores espalhados pela Estação, que também contou com atrações artísticas, atividades físicas e música. Os debates aconteceram no domingo: o primeiro foi "O mercado *plus size* no interior de São Paulo", com a presença das debatedoras e influenciadoras Amanda Souza, Gabi Pereira, Musa Carol e Irene Casonato; o segundo versou sobre "A moda como aliada na autoestima", com participação das também influenciadoras Juliana Romano e Mel Soares.

A importância de um evento desse porte na região se dá porque, além de movimentar o mercado local, também oferece oportunidade para marcas que não expuseram seus produtos nas edições do Pop Plus da capital. Além disso, constitui uma maneira de levar a moda para pessoas que, por algum motivo, não conseguem ir até a cidade de São Paulo. Pode-se dizer, portanto, que houve uma *contaminação* das tendências que ocorriam na capital paulista, influenciando outras localidades. Além disso, embora a moda *plus size* ainda se concentre em São Paulo, onde se encontra a maior parte das lojas físicas, parte do público que frequenta o Pop Plus é de fora do estado, ou seja, as pessoas se programam para viajar especialmente para fazer compras. Assim, o Pop Plus é como um shopping que funciona apenas quatro vezes ao ano.

Evidentemente ainda há muito a ser feito para que a visibilidade dessas tendências seja legitimada amplamente. O "Ocidente bulímico", conforme indicou Vigarello, cujo modelo foi amplamente exportado para diferentes partes do mundo desde a segunda metade do século XX, encontraria, com a legitimidade dos corpos gordos no espaço urbano, nuances e limites fundamentais para a saúde e o bem-estar de todos[359].

A obesidade é historicamente uma norma construída e móvel, susceptível de mudanças culturais, científicas, morais e econômicas. Nesse sentido, o espaço da cidade favorece e ao mesmo tempo é beneficiado por aquela legitimação, o que não deixa de ir ao encontro da natureza mesma da capacidade de reunir "urbs e civitas", promovendo, assim, a cidadania como direito dos mais variados pesos e medidas corporais. Afinal, a vocação das cidades promotoras de cidadania inclui um entrelaçamento de lugares, nos quais, como bem indicou Mongin, coexistem possibilidades múltiplas de expressão corporal[360]. Pode-se concluir, desse modo, que o que vem ocorrendo é no mínimo promissor: o histórico e importante ativismo em prol de gordas e gordos indica o quanto o espaço público das cidades, assim como os seus mais variados locais de encontro, vêm sendo cada vez mais atravessados, influenciados e ocupados por corpos cujos tamanhos não se reduzem à estreita grade que vai dos números 36 a 46.

Referências

BRANDALISE, Camila. Gordofobia: 10 frases preconceituosas que as pessoas falam sem perceber. Universa UOL, 30 ago. 2018. Disponível em: https://www.uol.com.br/universa/noticias/redacao/2018/08/30/gordofobia10-frases-preconceituosas-que-as-pessoas-falam-sem-perceber.htm. Acesso em: 24 set. 2024.

COOPER, Charlotte. *Fat activism:* A radical social movement. Bristol: HammerOn Press, 2016.

CORTÊZ, Natacha. Rap Plus Size: elas querem te fazer pensar a gordofobia e descer até o chão. Universa *UOL*, 29 jun. 2018. Disponível em: https://universa.uol.com.br/noticias/redacao/2018/06/29/esta-dupla-de-rap-quer-te-fazer-pensar-a-gordofobia-e-descer-ate-o-chao.htm. Acesso em: 23 set. 2024.

---

[359] VIGARELLO, Georges. L'obésité et l'épreuve du moi. *In:* CSERGO, J. *Trop Gros?* Paris: Autrement, 2009. p. 129.
[360] MONGIN, Olivier, *A condição urbana*. A cidade na era da globalização. Tradução: Letícia M. de Andrade. São Paulo: Estação Liberdade, 2009.

DUARTE, Nicole. Veja o mapa da 27ª edição do Pop Plus. Pop Plus, 29 nov. 2019. Disponível em: https://popplus.com.br/2019/11/29/veja-o-mapa-da-27a-edicao-do-pop-plus/. Acesso em: 24 set. 2024.

DURANTE, Flávia. Entrevista cedida a Bruna Salles Braconi de Moura. São Paulo, 13 maio 2019.

DURANTE, Flávia. Gordofobia Médica. *Instagram*, 2018a. Instagram: @flaviadurante. Disponível em: https://www.instagram.com/stories/highlights/17847695860304777. Acesso em: 20 maio 2019.

DURANTE, Flávia. Gordofobia também é parte da violência obstétrica. Universa UOL, 31 jul. 2018b. Disponível em: https://flaviadurante.blogosfera.uol.com.br/2018/07/31/gordofobia-tambem-e-parte-da-violencia-obstetrica. Acesso em: 26 maio 2020.

DURANTE, Flávia. Plus size não é um estilo; é um tamanho de roupa. Universa UOL, 16 dez. 2018c. Disponível em: https://flaviadurante.blogosfera.uol.com.br/2018/12/06/plus-size-nao-e-um-estilo-e-um-tamanho-de-roupa. Acesso em: 26 maio 2020.

FLEUR, Rafaela. O que a indústria da moda ainda não entendeu sobre moda plus size. Vogue, 1 out. 2021. Disponível em: https://vogue.globo.com/moda/noticia/2021/10/o-que-industria-da-moda-ainda-nao-entendeu-sobre-moda-plus-size.html?:~:text=A%20média%20de%20crescimento%20anual,24%20bilhões%2C%20só%20em%202020. Acesso em: 24 set. 2024.

GOMES, Mariana; DIAS, Claudio. "Vai entalar": como elas lidam com a gordofobia no ambiente profissional. Universa UOL, 14 ago. 2019. Disponível em: https://www.uol.com.br/universa/noticias/redacao/2019/08/14/vai-entalar-como-elas-lidam-com-a-gordofobia-no-ambiente-profissional.htm. Acesso em: 24 set. 2024.

GORDA (filme completo). YouTube, Tá Querida. 21 nov. 2016. Disponível em: https://www.youtube.com/watch?v=PVozftI7Ebs. Acesso em: 31 abr. 2020.

GRIFFIN, Annaliese. At universal standard, plus-size clothing is just clothing. Quartz, 13 set. 2018. Disponível em: https://qz.com/quartzy/1374765/at-universal-standard-plus-size-clothing-is-just-clothing. Acesso em: 24 set. 2024.

MONGIN, Olivier. *A condição urbana*. A cidade na era da globalização. Tradução: Letícia M. de Andrade. São Paulo: Estação Liberdade, 2009.

SANT'ANNA, Denise Bernuzzi de. Da gordinha a obesa: paradoxos de uma história das mulheres. *Labrys Estudos Feministas*, jan./jun. 2014. Disponível em: https://www.labrys.net.br/labrys25/corps/denise.htm. Acesso em: 28 mar. 2020.

SANT'ANNA, Denise Bernuzzi de. *Gordos, magros e obesos*. São Paulo: Estação Liberdade, 2016.

SENNET, Richard. La menace du tribalisme. *In:* ANSAY, P.; SHOONBRODT, R. *Penser la ville, choix de textes philosophiques*. Paris: AAM. 1998.

TODA GRANDONA. Primeira edição da Festa Toda Grandona. Instagram: @todagrandona. *Instagram*, 2018a. Disponível em: https://www.instagram.com/p/BfRWCUwFO87. Acesso em: 18 jun. 2019.

TODA GRANDONA. Flyer da festa Toda Grandona. Instagram: @todagrandona. *Instagram*, 2018b. Disponível em: https://www.instagram.com/p/BjILJDahRDx. Acesso em: 20 jun. 2019.

TODA GRANDONA. Flyer da festa Toda Grandona. Instagram: @todagrandona. *Instagram*, 2018c. Disponível em: https://www.instagram.com/p/Bml2. Acesso em: 20 jun. 2019.

TODA GRANDONA. Flyer da festa Toda Grandona. Instagram: @todagrandona. *Instagram*, 2019. Disponível em: https://www.instagram.com/p/BxPyOGuj79o. Acesso em: 20 jun. 2019.

VEJA qual é a programação extra Pop Plus de setembro. *Pop Plus*, 6 set. 2017. Disponível em: https://popplus.com.br/2017/09/06/veja-qual-e-a-programacao-extra-do-pop-plus-de-setembro. Acesso em: 24 set. 2024.

VIGARELLO, Georges. L'obésité et l'épreuve du moi. *In:* CSERGO, J. *Trop Gros?* Paris: Autrement, 2009. p. 123-135.

VIRADA Cultural 2019 atrai cinco milhões de pessoas em São Paulo. *Prefeitura de São Paulo*, Notícias, 19 maio 2019. Disponível em: http://www.capital.sp.gov.br/noticia/virada-cultural-2019-atrai-cinco-milhoes-de- pessoas-em-sao-paulo. Acesso em: 24 set. 2024.

CAPÍTULO 7

A MATERIALIDADE PRESENTE NO *LOCUS UMBANDISTA* COMO UMA DAS EVIDÊNCIAS DO ESPAÇO DE CURA DO EXU SEU SETE REI DA LIRA

Larissa Luísa da Silva

Lócus: tem uma relação singular, mas universal, que existe entre local e as construções que se encontram naquele lugar[361]. Com relação à religião católica, influencia muito nos aspectos do lócus e na identificação desses pontos singulares existentes na sociedade.

A noção de pontos singulares também está atrelada à nossa formação de cultura histórica. Vale lembrar aqui que o lócus sempre esteve presente nos tratados clássicos, mas cada vez mais abordado como um aspecto, de forma intermediária, que presidia tudo o que ocorria naquele lugar, sendo o mais funcional possível.

O método histórico utilizado por Rossi — e adotado para este estudo na cidade do Rio de Janeiro, mais em específico no bairro Santíssimo e no sítio do Exu Seu Sete da Lira — seria:

> O estudo da cidade como fato material e artefato. Cuja construção ocorreu no tempo e do tempo que conserva os vestígios, ainda que seja um tempo mais descontínuo; [...]. A história como estudo próprio do fundamento dos fatos urbanos e da sua estrutura. Não é apenas pensar só no material 'cidade', mas também na ideia de que temos da cidade como síntese de uma série de valores e signos que concernem à imagem coletiva – levando assim, a uma dialética[362].

Lugar x Ambiente: essa colocação está muito vinculada à concentração de conservar cidades históricas e seus trâmites até em questões monumentais — nas discussões escritas e estudadas sobre monumento histórico.

---

[361] ROSSI, Aldo. A individualidade dos fatos urbanos. A arquitetura. *In*: ROSSI, Aldo. *A Arquitetura da Cidade*. Tradução: Eduardo Brandão. São Paulo: Martins Fontes, 2001. p. 147-208.

[362] ROSSI, 2001, p. 147; p. 160.

De acordo com o próprio Rossi[363], uma cidade é um depósito de fadigas. Viver em sociedade é consequência direta da cidade.

A cidade é um depósito de tempo e de memória; logo, de história também. Essa teoria é materializada no seio da cidade. Ela também é artefato e um texto ao mesmo tempo. Uma síntese de valores de uma memória coletiva — às vezes, até hegemônica (se refletirmos sobre os monumentos). Pensando sobre esses aspectos, o lócus também é um lugar histórico, singular, universal e de memórias, por estar inserido na cidade — dentro dela e da realidade analisada.

Nesse sentido, o homem tem necessidade de viver em sociedade, e a cidade corresponde a essas necessidades — mesmo que seja minimamente. A cidade também é uma coisa humana por excelência e tem sua ecologia própria. Cada cidade é uma representação e um fato histórico. Só existe arquitetura se ela for realizada, de modo coletivo e nos termos do uso coletivo: "A cidade não é um lugar da utopia, e sim das realidades ou de possíveis realidades"[364].

Os terreiros de candomblé e umbanda, como no caso do bairro Santíssimo, em que se localiza o sítio Santo Antônio, com a Tenda dos Filhos da Cabocla Jurema, são lugares onde o mito e o sobrenatural "EXU SEU SETE DA LIRA" dão materialidade para o próprio mito.

Figura 1 – O sítio Santo Antônio, em Santíssimo, na década de 1970. Ao fundo, a Lira de Seu Sete

Fonte: Siqueira[365]

---

[363] ROSSI, 2001.
[364] ROSSI, 2001, p. 147-148.
[365] SIQUEIRA, Cristhian. *O fenômeno Seu Sete da Lira*: Cacilda de Assis, a médium que parou o Brasil. Porto Alegre: BesouroBox, 2020.

O lócus é, portanto, para além do físico; e a arquitetura é pensar na memória coletiva em que esse mito sobrenatural e coletivo se ancora. Acerca desse mito sobrenatural, Rossi traz o exemplo da cidade de Atenas, que seria um lugar onde o mito se realiza; e o tempo é o lugar do mito e onde esse mesmo mito tem a materialidade com o lócus.

Em suas palavras:

> Atenas é a primeira idéia clara da ciência dos fatos urbanos, ela é a passagem da natureza à cultura, e essa passagem, no próprio interior dos fatos urbanos, nos é oferecida pelo mito. Quando o mito se torna um fato concreto no templo, já surge da relação com a natureza o princípio lógico da cidade, e esta se torna a experiência que se transmite.
> Assim, a memória da cidade percorre seu caminho às avessas até a Grécia; aqui os fatos urbanos coincidem com o desenvolvimento do pensamento e a imaginação se torna história e experiência. A cidade concreta que abismos tem, assim, sua origem na Grécia; se por um lado Roma soube fornecer princípios gerais sobre o urbanismo e, portanto, construir cidades segundo esquemas lógicos em todo o mundo romano, por outro lado é na Grécia que encontramos os fundamentos da constituição da cidade. E também, fundamentalmente, um tipo de beleza urbana, de arquitetura da cidade, que se torna uma constante da nossa experiência da cidade; a cidade romana, árabe e gótica e a cidade moderna aproximam-se desse valor conscientemente, mas somente às vezes afloram a sua beleza. Tudo o que há de coletivo e de individual na cidade, até mesmo sua intencionalidade estética, está fixado na cidade grega em condições que nunca mais podem voltar[366].

A Tenda dos Filhos da Cabocla Jurema é um lócus, e esse mesmo lócus é o lugar em que se materializam o Exu e o Mito, juntamente ao sobrenatural e às próprias relações urbanas materializadas.

---

[366] ROSSI, 2001, p. 200-202.

Figura 2 – À frente, Pomba-gira Audara Maria incorporada em Mãe Cacilda de Assis, na década de 1960, no início dos trabalhos em Santíssimo. Em seu lado esquerdo e direito, imagens do Santo Antônio

Fonte: Siqueira[367]

Esse *locus umbandista* pode ser chamado de *Maracanã da Fé*. De acordo com matéria da revista *O Cruzeiro*, escrita por Ubiratan de Lemos, nem mesmo a lama ou a chuva atrapalharia a festa do Seu Sete. Partiram de todos os cantos da cidade do Rio de Janeiro pessoas com seus carros e kombis em direção a Santíssimo, onde o Rei da Lira Sagrada praticava a sua caridade de multidões. Porque

> [...] terreiro do Rei da Lira - potestade das encruzilhadas é a maior explosão de espiritismo popular do Brasil e do mundo. Só vendo pra crer. Só vendo pra sentir. Aquelas mãos crispadas de fé: 16 mil devotos de baixo de água que Deus mandava. Cinco mil carros, mais talvez, entartarugando a área. A criançinha enfêrma ou já curada nas mãos da

[367] SIQUEIRA, 2020.

mãe. As lágrimas de gratidão daquêles rostos iluminados de esperança. Tudo que é tipo de raça num côro só: - Seu Sete Rei da Lira é meu protetor, Seu Sete sara, cura, cura a minha dor[368].

Com uma orquesta bem organizada, com coral, cordas e metais, inicia-se o som, com samba, tango marchas, valsas e acordes completos brasileiros — e estrangeiros também. O Exu chega em terra incorporado em seu cavalo (Cacilda de Assis), às 21 horas. A música do povo serviria para polarizar ainda mais as vibrações que ocorriam dentro do terreiro. A vibração de amor. A vibração de caridade. A vibração pela aguardada chegada. Vibração pela fé. Cobrem o espaço bandeirinhas de papel com as cores em vermelho e preto. Tudo é vermelho e preto, as cores dos Exus.

Figura 3 – Seu Sete no sítio Santo Antônio, década de 1960, no estado do Rio de Janeiro – bebendo marafo com as garrafas ao fundo

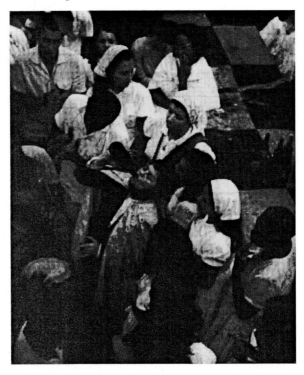

Fonte: Siqueira[369]

---
[368] LEMOS, Ubiratan de. O Maracanã da Fé. *O Cruzeiro*, Rio de Janeiro, n. 26, jun. 1971. p. 40.
[369] SIQUEIRA, 2020.

Com Seu Sete já em terra, ele demonstra seu poder enorme de comunicação e fala; vai falando com todos sem respeitar patentes. A multidão presente se espremia. Não havia espaço nem mesmo para abrir os braços. Todos ali eram iguais e irmãos de fé pela cura; todos são iguais. Não existia importância pessoal para o Rei da Lira. Na mão do Exu, há uma garrafa de marafo curador. Uma garrafa de cachaça. Ele vai bebendo e jogando o marafo na cabeça das pessoas, como se fosse um *spray* milagroso. Em seu andar pelo espaço da Lira, o **Homem** vai pingando seus atendimentos, suas consultas, curando, aconselhando, conversando e doutrinando.

Figura 4 – Seu Sete no Congá de Santo Antônio da Lira Nova comanda mais um trabalho de sábado – década de 1970, RJ

Fonte: Siqueira[370]

Os altares eram muito bem decorados, tudo bem limpo e organizado. Mais de 300 devotos da casa circulando pela multidão, circulando com a faixa fiscal, a fim de que a ordem e o auxílio permaneçam durante os trabalhos. O Santo Antônio é a imagem que mais se fazia presente em cada canto da casa[371].

---

[370] SIQUEIRA, 2020.
[371] Ponto de Preto Velho (4 cantos da casa): "Nessa casa tem quatro cantos. Cada canto tem um santo. Pai e filho, Espírito Santo. Nessa casa tem 4 cantos. Zum zum zum, olha só Jesus quem é. Eu rezo para santas almas. Inimigo cai, eu fico de pé!" (PONTO de Preto velho (Nessa casa tem quatro cantos). O Som da Minha Fé - Ogã Caio. *YouTube*, 5 fev. 2021. Disponível em: www.youtube.com/watch?v=YebLk6mXGNY&t=1s&ab_channel=O-SomdaMinhaF%C3%A9-Og%C3%A3Caio. Acesso em: 24 set. 2024).

> Do lado de fora, o arraial. Nascem as carrocinhas de cachorro-quente como cogumelos. Até mesmo reboques maiores, fornecendo refeições maiores. É o comércio que acompanha as multidões, e que não tem nada a ver com a função de cura do terreiro. Seu Sete é caridade gratuita e sem privilégios. Para tôdas as torcidas[372].

O *locus umbandista* é responsável também pelo próprio desenvolvimento do bairro que fica no seu entorno. Dessa maneira, o próprio bairro de Santíssimo necessitou de melhoramentos, haja vista a expansão vertiginosa da religião pelo estado e da própria cidade do Rio de Janeiro.

No final dos anos 1960, já início dos 70, Mãe Cacilda e os amigos do terreiro do sítio de Santíssimo, na cidade do Rio de Janeiro, estavam tendo mais clareza acerca de que ali, naquele lócus, estavam efetivamente fazendo história. "Nunca na história da Umbanda, havia se ganhado tanta dimensão e visibilidade pública"[373]. Contudo, houve a consequência de uma procura maior pela casa de fé, e, nesse ritmo, decerto que a procura só aumentaria, inevitavelmente.

Vale lembrar que, nesse mesmo período, em 1964, o Brasil estava passando pelo início da Ditadura Militar. E a "umbanda, que sempre procurou estar aliada ao poder, conviveu bem com esse período sombrio na história do país"[374]. Registros mostram que, à época, muitos umbandistas que estavam na ativa da religião eram militares, ou, se não, ex-militares. Essa fase ficou denominada por Cumino como a *vez dos militares*.

> [...] Apenas para nos lembrar e servir como exemplo, Zélio de Moraes vinha de uma família de militares, foram militares Benjamin Figueiredo, Nelson Braga Moreira, Hilton de Paiva Tupinambá, Aguirre, entre outros[375].

Um desses registros é o caso do Almirante Sêco, que experimentou o poder da cura da entidade Seu Sete da Lira.

---

[372] LEMOS, 1971, p. 40.
[373] SIQUEIRA, 2020, p. 67.
[374] CUMINO, 2019, p. 163-64b.
[375] CUMINO, 2019, p. 164b.

Figura 5 – Seu Sete ao lado do Almirante Sêco – década de 1971, RJ

Fonte: *O Cruzeiro*[376] (autoria da fotografia: Vieira de Queiroz e José Carlos Vieira)

Ao custo de outro caso teremos o coronel Ney Pereira, cujo filho estava enfermo, comprovadamente canceroso. E após sessões da mesa de cura, ficou completamente curado. Havia também o major Rui Lopes Cabral, que já fazia parte do Estado-Maior do Exu. Por fim, "outro major, Joaquim Fernandes, também empolgado pelos podêres de caridade, e muito mais farda de camisa esporte impossível de identificar no seio da assistência"[377].

Figura 6 – Seu Sete e o Capitão Aza confirmam sua cura. É Devoto do terreiro famoso – década de 1971, RJ

Fonte: *O Cruzeiro*[378] (autoria da fotografia: Vieira de Queiroz e José Carlos Vieira)

---
[376] LEMOS, Ubiratan de. O Maracanã da Fé. *O Cruzeiro*, Rio de Janeiro, n. 26, jun. 1971. p. 42.
[377] LEMOS, 1971, p. 43.
[378] LEMOS, Ubiratan de. O Maracanã da Fé. *O Cruzeiro*, Rio de Janeiro, n. 26, jun. 1971. p. 43.

Nesse sentido, levando em consideração as alianças feitas pelos umbandistas dessa época, foram várias as conquistas durante o governo militar — isso não se deve negar. Mantiveram seus direitos políticos preservados e também a sua liberdade religiosa, assim como tiveram ajuda na institucionalização e na ainda crescente legitimação e legalização dos templos de umbanda. "Durante a Ditadura Militar, o registro das Tendas de Umbanda se retirou da jurisdição policial para a civil, sendo inclusive reconhecida como religião no censo oficial"[379].

O apoio que a Ditadura Militar fornecia à umbanda, também era pela via de uma relação contra a Igreja Católica, que reunia simpatizantes do comunismo e polemizava, em algumas instâncias estatais e civis, a postura adotada pelo governo militar.

Entretanto, mesmo com um simples estatuto registrado em cartório, muitos preferiram se manter na ilegalidade, ou melhor, permanecerem "ocultos" de qualquer registro, já que ainda estavam presentes os traumas e as marcas deixadas pelo primeiro governo varguista. Logo, essa postura traria efeitos colaterias para a religião, como a dificuldade de contabilizar de modo correto o número de umbandistas, já que, por mais que fosse elevado, esse número estaria sempre reduzido diante da vivência real religiosa nas pesquisas e nos dados concretos divulgados pelo censo do IGBE[380].

Com esse aumento do número de umbamdistas, os melhoramentos necessários aos terreiros eram mais do que necessários:

> O professor Romero Morgado, um dos componentes do grupo 'Amigos do Seu Sete da Lira', admite que o DETRAN precisa dar uma ajudazinha ao tráfego nas Ruas Mangueiras e Caquizeiros, próximas ao sítio Santo Antônio onde está localizado o centro do Seu Sete. Disse ele ao Gerico: 'A afluência de pessoas, cerca de vinte mil, todos os sábados vem causando o congestionamento natural do tráfego nas Ruas Mangueiras e Caquizeiros. Em outubro do ano passado, junto com os moradores locais entregamos um abaixo assinado às autoridades estaduais, solicitando o calçamento das ruas, bem como dotá-las de galerias de águas pluviais e esgotos além de orientação para os veículos que para lá se locomovem. Os veículos são para passageiros de três categorias: Kombis e táxis para a estação ferroviária de

---

[379] CUMINO, 2019, p. 164b.
[380] CUMINO, 2019b; ORTIZ, Renato. *A morte branca do feiticeiro negro*. São Paulo: Brasiliense, 1999.

> Santíssimo: Kombis, táxis e particulares para o centro da cidade e adjacências e os que retornam após deixarem os passageiros em Santíssimo.
> Depois da meia-noite é uma confusão de carros e fiéis com riscos de acidentes. É preciso que o DETRAN que já tomou algumas providências colocando placas de estacionamento proibido na Rua dos Caquizeiros, coloque como solução os táxis e Kombis em posições estratégicas e em filas -ida e volta- na via principal; a Estrada da Posse, sómente permitindo o acesso As Ruas Mangueiras e Caquizeiros das Kombis e táxis que já trazem o pessoal certo e que permaneçam nas áreas de estacionamento[381].

Uma das reportagem dos jornais apontava:

> [...] 22 horas. Carros e gente se acotovelam. É paradoxal dizer-se que carros e gente se acotovelam. Quem duvidar. Vá lá. Vá comer poeira.
> Só uma única vez nos identificamos. Preferimos o anonimato. O repórter precisava ouvir, sentir e compreender a razão que leva sete (7) mil, pessoas em busca de uma entidade, 'Seu' Sete da Lira'[...][382].

Após constantes cobranças, foram realizados tais melhoramentos nas estradas que ligavam o bairro de Santíssimo ao terreiro de umbanda da Mãe Cacilda de Assis.

O sítio de Santo Antônio e o Ilê Filhos da Cabocla Jurema se tornaram um verdadeiro santuário de umbandista[383], que não deixava a desejar a nenhum santuário católico. Possuía um conjunto de obras dignas de um verdadeiro local de peregrinações: Casa de Exu, bosque da Cabocla Jurema, cachoeira, Casa das Almas, Ilê da Cabocla Jurema, Cozinha de Santo, Capela de Santo Antônio, loja de *souvenir*, lanchonete e banheiros, além de todo o espaço da Lira de Seu Sete.

O *locus umbandista* como um todo era grande, mas o número de pessoas que frequentavam tendia a ser cada vez maior. Logo, a lira construída até então pela Mãe Cacilda não estava mais suportando a quantidade de devotos que recorriam ao centro. Isso acabava implicando trabalhos

---

[381] MONTENEGRO, José. Justo Apêlo. *Correio da Manhã*, Rio de Janeiro, p. 3, 28 maio 1971.
[382] DECELSO. Umbanda no "Seu" Sete da Lira... "Só Deus sabe quem tem fé...". A LUTA democrática. Rio de Janeiro, 2º caderno, 11-12 abr. 1971. p. 5 (pessoas se acotovelavam para chegar até o sítio com ruas mal estruturadas).
[383] SIQUEIRA, 2020.

mais longos, portanto, havia a necessidade de mais mesas para conseguir atender a todos ali presentes. Por conta desses "problemas de espaço", os próprios fiéis e filhos da casa começaram a idealizar uma lira maior, que dispusesse de mais espaço.

Figura 7 – Mãe Cacilda de Assis ao meio e seus filhos de Santo e carnal, em obras de expansão do Sítio Santo Antônio – década de 1960, RJ

Fonte: Siqueira[384]

As favelas já surgiram sob os estigmas, ou melhor, com a marca da cidade do Rio de Janeiro[385]. Porém, fizeram-se presentes nas grandes cidades brasileiras desde os anos 2000. A questão das favelas atualmente assume, sem quaisquer precedentes na história do Brasil, outro viés, pois essa realidade no nosso país vem mudando ao longo dos anos — a taxa de pessoas que moram em favelas vem aumentando, chegando até mesmo a ser maior do que a taxa de crescimento populacional, no caso do estado de São Paulo.

---

[384] *Idem.*
[385] PASTERNAK, Suzana. Favelas: fatos e boatos. *In:* KOWARICK, Lúcio; FRÚGOLI JR., Heitor (org.). *Pluralidade Urbana em São Paulo. Vulnerabilidade, marginalidade, ativismos.* São Paulo: Editora 34, 2016. p. 83-110; VÉRAS, Maura P. B. Segregação e alteridade na metrópole: novas e velhas questões sobre cortiços em São Paulo. *In:* KOWARICK, Lúcio; FRÚGOLI JR., Heitor (org.). *Pluralidade Urbana em São Paulo. Vulnerabilidade, marginalidade, ativismos.* São Paulo: Editora 34, 2016. p. 111-140; KOWARICK, Lúcio. Cortiços: reflexões sobre humilhação, subalternidade e movimentos sociais. *In:* KOWARICK, Lúcio; FRÚGOLI JR., Heitor (org.). *Pluralidade Urbana em São Paulo. Vulnerabilidade, marginalidade, ativismos.* São Paulo: Editora 34, 2016. p. 171-193.

Essas favelas, anteriormente, eram lugar apenas provisório para se morar; entretanto, acabaram se tornando uma moradia fixa nos últimos anos. O espaço das favelas é mal arrumado e bem mais denso do que o espaço urbano formal, carecendo de saneamento básico. A favela e o espaço favelado apresentam uma identidade específica: as favelas não estão em enclave separado, elas se incorporam ao mundo econômico, e não são um mundo social à parte, como muitos, grosseiramente e recheados de preconceitos, pensam sobre elas.

Ortiz declara que [...] a repartição dos adeptos umbandistas se processa de acordo com o eixo de urbanização e industrialização. As regiões Suis e Sudestes agrupam quase a totalidade dos fiéis, ou seja, 94% [...][386]. Essa expansão das favelas, juntamente ao crescimento da religião umbandista e à divulgação do periódico de umbanda (*Umbanda: Órgão Noticioso e Doutrinário da União Espiritista de Umbanda*) marcam a Terceira Onda Umbandista (1945 a 1979). Essa onda marcará a expansão vertiginosa da umbanda e tem início em 1945, com o fim dos 15 anos de Ditadura Vargas, o término da Segunda Guerra Mundial, o retorno à política eleitoral e com a produção da Lei de Liberdade Religiosa.

Homens — e agora também mulheres — estudiosos(as) da religião deram mais foco às características regionais decorrentes da presença de cultos e culturas locais que absorveram, ou foram absorvidos, pela umbanda. Assim que ela passou a ser legítima — entre as décadas de 1940 e 1960, época em que já aparece no censo —, muitos outros seguimentos passaram a se identificar com a religião.

Ortiz estuda e analisa esses dados:

> Só os Estados do Rio de Janeiro, São Paulo, Minas Gerais e Rio Grande do Sul concorreram com uma população umbandista de respectivamente 29,5%, 32,2, 11.6%, 12,7% - ou seja, 85% do total. A desigualdade do desenvolvimento socioeconômico se traduz também por uma participação desigual de fiéis[387].

Ainda de acordo com Ortiz e com os dados levantados durante a pesquisa, é por meio de fontes indiretas, para além dos dados oficiais do IBGE, que são demarcadas as fronteiras entre profissões de fé que atuam na sociedade brasileira.

---

[386] ORTIZ, 1999, p. 53.
[387] ORTIZ, 1999, p. 53-54.

Nos termos de Ortiz:

> Observa-se primeiramente que a religião católica assiste seu contingente populacional diminuir a partir de 1940. No conjunto da população religiosa, ela agrupa 95% dos indivíduos em 1940; 93,4% em 1950; 91,7% em 1970. O ritmo de decréscimo torna-se mais intenso quando se percebe que a taxa de crescimento da população brasileira foi entre 1940 e 1950 de 26%, enquanto que a dos católicos foi de 24%. De 1950-1970 a população brasileira cresce em 79%, a população católica somente em 76%[388].

Após análise, o autor afirma que há uma tendência à diminição da população católica quando o assunto é o contingente populacional religioso brasileiro. A experiência confirma que uma parcela desse contingente é absorvida pelo grupo umbandista[389]. Por mais que tenha havido essa absorção, "8% dos umbandistas mudaram de religião por considerarem insatisfatórias as práticas espíritas"[390]. E ao que parece, há um movimento no sentido de vários centros kardecistas estarem perdendo fiéis, juntamente à transformação desses centros em tendas umbandistas[391].

Em outra pesquisa, realizada no ano de 1958 na cidade do Rio de Janeiro, a prática protestante se mostrou mais intensa do que a católica: 90,7% dos fiéis assistem regularmente ao culto; e somente 7% frequentam terreiros umbandistas. Levando em consideração que 93,5% dos espíritas kardecistas assistem regularmente às sessões, tem-se o contraste de que a prática umbandista é a que se desenvolve com mais força e densidade no seio dessa população favelada e operariada[392].

A igreja católica, para além dos kardecistas insatisfeitos com a religião, encontra-se na condição de fornecedora de adeptos e de clientes para o culto umbandista, "seja através de conversões, seja por meio da dupla religiosidade"[393], colocando em pauta um problema dentro da instituição, a saber: como parar um culto afro-brasileiro que está se desenvolvendo em escala cada vez maior e em nível nacional?

---

[388] ORTIZ, 1999, p. 62.
[389] ORTIZ, 1999. A respeito da distribuição dos adeptos religiosos, segundo Ortiz, ver o autor: CAMARGO, Cândido de. *Católicos, Protestantes e Espíritas*. Petrópolis: Vozes, 1973.
[390] ORTIZ, 1999, p. 64.
[391] CUMINO, 2019a; ORTIZ, 1999.
[392] ORTIZ, 1999, p. 63-64.
[393] ORTIZ, 1999, p. 64.

Aprofundando um pouco mais acerca dos quadros sociais da religião, muitos autores afirmam que a umbanda seria uma religião popular, logo, isso significa que seus próprios adeptos seriam de classe baixa, todos aqueles conhecidos como inferiores na sociedade.

> A relação religião-classe parece ser tão fortemente marcada, que deu margem a interpretações equívocas: por exemplo, Roger Bastide descreve a Umbanda como religião proletária em oposição ao kardecismo; a luta de classes entre uma classe proletária emergente e as classes médias se reproduziria assim no nível simbólico.[394] Vimos entretanto que a religião umbandista nunca foi a expressão da classe proletária; desde seu nascimento a Umbanda é o resultado de um movimento dialético de embranquecimento e de empretecimento; neste sentido, a participação de uma liderança egressa das classes médias foi decisiva. Poder-se-ia pensar porém que elementos profissionais como advogados, médicos, engenheiros, militares, representariam somente uma elite dirigente das federações religiosas[395].

À vista disso, é possível encontrar uma penetração e uma presença marcante cada vez mais forte nas camadas de classe média da população brasileira. Um dos jornais mais conhecidos em São Paulo à época, o *Jornal Diário*, lançado em 15 de outubro de 1963 e extinto em janeiro de 2001, vai chamar esse movimento de "Umbanda para ricos", pois tanto médicos, industriais, advogados, autoridades civis e militares são adeptos da religião[396].

> Os trabalhadores especializados, semi-especializados e não especializados totalizam 40,33% do contingente umbandista, o que indica a presença marcante das classes baixas na religião. Entretanto, uma parte considerável de adeptos (21,5%) pertence aos estratos médios e inferiores das classes médias, compondo-se principalmente de empregados de escritório e de comerciários. A categoria de pessoas não-ativas agrupa o maior número de fiéis, 32,7%; isto devido ao fato de que a maioria dos adeptos são do sexo feminino, sendo que as mulheres não têm geralmente nenhuma atividade fora do lar: sobre um total de 193 pessoas não-ativas, 128 são donas-de-casa[397].

---

[394] BASTIDE, Roger. *As religiões Africanas no Brasil apud* ORTIZ, 1999.
[395] ORTIZ, 1999, p. 64.
[396] *Notícias populares*, p. 65, 14 dez. 1973 *apud* ORTIZ, 1999.
[397] ORTIZ, 1999, p. 64.

Outra forma de analisar as relações entre a religião e os grupos sociais nos quais seus adeptos estão inseridos consiste em "dispor espacialmente as tendas umbandistas num mapa geográfico que leve em consideração a distribuição do espaço segundo a classe social"[398]. Pouquíssimos levam em consideração o seio social da cidade e do espaço geográfico, porém existe um comum diálogo e conflito entre o cinturão de classes populares que envolve a periferia e a concentração de tendas umbandistas. À medida que se avançam os bairros populares na cidade, há uma tendência de haver diminuição na concentração de terreiros. Não podemos negar que existe um elo com as classes baixas, até porque esse discurso é muito mais aceito do que simplesmente se questionar essa historicidade.

Na perspectiva de Achille Mbembe, autor de *Necropolítica: biopoder, soberania, estado de exceção, política da morte*[399], a cidade é homogênea, branca e burguesa. Mata e escolhe a dedo aqueles que vão morrer, para, então, fazer-se a manutenção dessa mesma cidade. Já a cidade negra periférica não deve ser idealizada e nem essencializada (essencialista). Isso posto, existem duas cidades dentro de uma só: a cidade negra periférica e a cidade hegemônica burguesa e branca, com dois imaginários que dialogam e se colidem entre si.

Outro autor que discute essas questões é Muniz Sodré[400], a partir da noção de que a ideia de resistência não responde totalmente à complexidade da vida na cidade. São as múltiplas vivências, cidades e culturas dentro de uma metrópole, como o Rio de Janeiro — e São Paulo também —, de acordo com o autor, são acordos tácitos e resistências negociáveis entre as culturas. A revolução não seria somente simbólica, mas o símbolo passa pela revolução.

Imagina-se que a cidade é — e está — mais para uma **encruzilhada** do que para um labirinto. Logo, são caminhos que se abrem nesse formato, e não caminhos que se fecham, como é o caso do labirinto grego ocidental.

No final das contas, esse discurso de classe e religião umbandista atravessa também o cenário das curas feitas no sítio de Santo Antônio — no lócus umbandista, ou melhor, na Lira do Exu Curador.

A religião umbandista é pregadora de bondade e caridade[401].

---

[398] ORTIZ, 1999, p. 65.
[399] MBEMBE, Achile. *Necropolítica*: biopoder, soberania, estado de exceção, política da morte. São Paulo: N-1 Edições, 2018.
[400] SODRÉ, Muniz. O terreiro e a Cidade: a forma social negro-brasileira, RJ: Mauad X, 2019. p. 31-35.
[401] Uma das heranças das práticas espíritas kardecistas.

Os rituais — mais especificamente os de cura — são feitos de forma gratuita, mas para os quais existe uma parcela de serviços a ser cobrada de acordo com a conduta ética e moral de cada pai/mãe de santo ou até mesmo do trabalho a ser realizado. Ou seja, "[...] fica a critério (somente) do sujeito que obteve a cura ou solução de seus problemas dar algo ou não, como forma simbólica e de agradecimento pelo êxito de seu pedido"[402].

Há todo um rito de preparação do solo sagrado, tanto do Pai ou da Mãe de Santo quanto dos demais integrantes da corrente mediúnica[403]. Contudo, vale ressaltar aqui que todo ritual de cura funciona por meio da incorporação[404] mediúnica de entidades espirituais, ao se manifestarem por intermédio do Dirigente da Casa — do terreiro —, de modo que as outras entidades se fazem presentes entre todos os filhos de Santo da corrente espiritual. "Onde é a partir da matéria que é realizado todo trabalho, na qual é solicitado o pedido de cura por quem vai procurar, seja ele por motivos espirituais ou materiais"[405].

Já no caso das curas feitas no sítio de Santo Antônio, localizado na Rua dos Caquizeiros, n.º 700, em Santíssimo (RJ), não eram muito diferentes. Na verdade, o que mais se diferenciava era que essas curas eram feitas por um Exu em específico.

O Exu Curador — mais conhecido como Seu Sete da Lira — acabou sendo matéria de muitos jornais e sua fama crescia cada vez mais. Em uma dessas matérias, ainda se estava meio em dúvidas sobre onde ocorriam as curas do Exu.

> "SEU" SETE
> Finalizando, Osvaldo Nunes pediu para mandar um recado para o seu grande público: Olha rapaziada, tem muita gente querendo ir lá no Seu Sete e não sabe o endereço. Tomem nota: Sítio Santo Antônio, Rua dos Caquizeiros, nº 100, em Santíssimo. Quem quiser pode aparecer, e creiam se eu me livrei da desgraça, se tenho hoje a posição que tenho na vida artística, devo tudo ao Seu Sete da Lira. O recado está dado[406].

---

[402] LIMA, Antonio Ailton de Sousa. *As práticas de cura na umbanda em redenção*. 2016. Trabalho de Conclusão de Curso (Bacharelado em Humanidades) – Instituto de Letras e Humanidades, Universidade de Integração Internacional da Lusofania Afro-Brasileira, Redenção-CE, 2016. p. 31.

[403] Não há uma forma correta, ou melhor, única de se fazer. Cada casa tem sua doutrina, e cada doutrina religiosa umbandista respeita esses passos de preparação.

[404] Para saber mais, conferir as obras: *Médium - Incorporação não é Possessão* (de Alexandre Cumino) e *Mediunidade na Umbanda: Descubra os fundamentos da prática e desenvolvimento do médium de terreiro* (de Rodrigo Queiroz).

[405] LIMA, 2016, p. 32.

[406] NUNES, Osvaldo. "SEU" Sete. A LUTA Democrática, Rio de Janeiro, 12 maio 1970. p. 2.

O jornal *A Luta Democrática* (RJ), conhecido por ser bastante sensacionalista, era dirigido por Natalício Tenório Cavalcanti de Albuquerque e por Hugo Baldessarini. Sua edição do dia 15 de junho de 1971 trouxe alguns questionamentos sobre o fenômeno que estava sendo à época o Exu Seu Sete da Lira. O jornal tinha uma coluna chamada "Umbanda – Mensagem de fé", e na página 6 dessa mesma edição foram levantadas as seguintes questões: "Responda para êste jornal. Preencha o cupão abaixo e seja o grande juiz. Responda: sim ou não. 1) Você acredita no Seu Sete da Lira?......2) Já foi atendido por Seu Sete da Lira?...... 3) **O ritual do Seu Sete é de Umbanda?......**"[407].

Esse último questionamento levou a pesquisa a outras duas fontes, no mesmo periódico, sobre o assunto: o que são e o que não são as curas feitas na umbanda, já que, para uma parcela de umbandistas, o ritual feito no centro pelo Exu era tudo e qualquer coisa menos umbanda por sua excelência.

> UMBANDA CURA SEM MARAFO
> Leiam domingo reportagem que fizemos na Tenda Pai Gerônimo, onde contestando as práticas do Seu Sete da Lira, realizaram curas sem uso de marafo [...][408].

Porém, antes mesmo desse questionamento, na edição de *A Luta Democrática* do dia 6 de maio de 1971, um depoimento acerca das curas foi transcrito, deixando bem claro seu posicionamento.

> UMBANDA – Mensagem de fé
> O fenômeno Sete da Lira não é Umbanda, mas nosso colega em outro órgão diz que é e até mesmo um deputado afirmou em discurso em nossa Assembléia Legislativa que no sítio dos milagres Seu Sete dá as suas de Umbanda. Que Sete da Lira é Exu. Nada disso[409].

A todo custo o jornal tenta mistificar a figura do Seu Sete da Lira, afirmando o fenômeno do Zé Arigó[410] e do Exu. De acordo com o colunista Decelso, para compreender, deveriam ler a *Revista Eclesiástica de Difusão* (RED), pois lá estaria um artigo estudado em profundidade sobre o fenômeno Zé Arigó, do jornalista Mário Jorge, de um órgão de São Paulo, de

---

[407] A LUTA Democrática, Rio de Janeiro, 15 jun. 1971. p. 6.
[408] A LUTA Democrática, Rio de Janeiro, 16-17 maio 1971.
[409] DECELSO. UMBANDA – Mensagem de Fé. A LUTA Democrática, Rio de Janeiro, 6 de maio 1971. p. 4.
[410] A LUTA Democrática, Rio de Janeiro, 3 fev. 1971.

modo que assim poderiam esclarecer que o Seu Sete da Lira não é nem espírita e nem umbandista, quem dirá muito menos do candomblé. E que isso seria explicado em outra oportunidade, o que não ocorreu.

Ao contrário dessas matérias, mas ainda no mesmo periódico, em suas edições dos dias 15 e 16 de março de 1964, foi trazida uma matéria que dizia o oposto do que seria falado nos anos de 1970 e 1971:

> NOS DOMÍNIOS DA FÉ
> (Umbanda - Espiritismo – Esoterismo – Candomblé-Reencarnacionalismo)
> EXÚ A CAMINHO DE DEUS
> Pregando o Evangelho – Umbanda negativa – Pomba Gira – Semana do "preto Velho" – As duas Velas – (Reportagem para a LUTA DREMOCRAAICA)
> [...] UMBANDA NEGATIVA
> **"Seu" Sete Encruzilhada** divide a Umbanda em positiva e negativa. A quem impulsiona a criatura humana para o Bem, para a frente, e a que deixa estacionar nos seus vícios e dramas. Uma, a Umbanda Positiva e a outra, negativa. Mas ambas, necessárias, diz[411].

Nessa matéria, ou melhor, nos anos 60, o Seu Sete da Lira ainda não era conhecido com tal nome. Nessa época, era conhecido como "Seu Sete Encruzilhadas", ou "Exu que cura com música". Seu nome só foi adotado dessa forma quando, na primeira reforma do Ilê Filhos da Cabocla Jurema, um filho da casa pediu para ele desenhar seu ponto riscado[412] e o Exu desenhou uma lira. Então, logo após esse acontecimento, ele ficou conhecido como "Seu Sete Rei da Lira."

Ao frequentar terreiros e praticar a religião, vê-se que a umbanda se torna o último recurso a ser procurado pelos habitantes da cidade. É muito comum dizer "A umbanda é o pronto-socorro espiritual".

> [...] Quando o indivíduo apresenta uma determina patologia, na qual já foi recorrido a uma avaliação médica e nada foi diagnosticado, e mesmo assim, o indivíduo sente-se em um estado de enfermidade, na qual sente todas os sintomas.

---

[411] A LUTA Democrática, Rio de Janeiro, 15-16-março 1964.
[412] "Ponto Riscado é uma espécie de identificação que cada entidade usa para se nomear como um espírito de luz, é constituído de riscos e símbolos gráficos e, geralmente, são traçados em tábuas ou no próprio chão. Essas tábuas podem ser de madeira ou até mesmo em mármore; o ponto riscado é feito com uma espécie de giz, que na Umbanda dá-se o nome de Pemba (podem ser de várias cores, e a Entidade usa a cor determinante da linha que trabalha e do Orixá que a rege)." (Lima, 2016, p. 32, nota 7).

> Logo após ele recorrer à ajuda religiosa na qual tem o contato com diversas experiências e às vezes não há êxito, então a cura é procurada na Umbanda[413].

No caso da mesa de cura do Seu Sete da Lira, diferentemente do Zé Arigó, todas as curas que o Exu fazia eram realizadas no seu terreiro, em Santíssimo. Nada que se relacione a preferir vantagens financeiras. Seu Sete da Lira preferia a noite para trabalhar, mas se fosse necessário, trabalhava até de manhã. Ou até dois ou mais dias, dependendo do número de doentes que havia para atender.

Em Santíssimo, em seu tablado, agarrado a um microfone, conclamando ao som de várias músicas, colocava todo mundo para cantar em conjunto enquanto começava os trabalhos.

> Um velho raquítico baixou as mãos trêmulas. Trôpegamente saiu da multidão. Havia feito seu pedido. O Rei da Lira curou-o abraçou a espôsa e rumou para casa, em Realengo. Não estava mais tuberculoso. É mais um que o terreiro da Rua dos Caquizeiros ganhou para tôda vida[414].

Seu Sete era sim um Exu. A palavra Exu é a palavra nagô guarda. Antes de trabalhar, de fato, em seu terreiro em Santíssimo, ele atendia os fiéis em um prédio da Rua Itapuca, n.º 138, mas lá não havia tanto espaço para acolher mais confortavelmente. O seu nome foi cada vez mais se agigantando, de modo impressionante, chegando a ser alvo de muitas polêmicas. Muitos acreditavam, tinham fé. Outros não faziam nem questão de acreditar, mas temiam. Os estudiosos de dentro e de fora da religião divergiam; havia pessoas que eram irredutíveis em afirmar que o fenômeno existe. Outros acabavam indo para perto para terem a prova (e não diziam mais nada). Os que procuraram o terreiro para passatempo estão integrados. São embaixadores, desembargadores políticos, jornalistas, cantores do rádio, e pessoas das mais diversas profissões. Lá se postam até de madrugada[415].

Na revista *O Cruzeiro*, também do Rio de Janeiro, especificamente na edição 20 do mês de maio de 1971, o redator da matéria abre um tópico resumido sobre as curas feitas pelo Seu Sete. Nela estão dez pequenos tópicos bem sucintos[416].

---
[413] LIMA, 2016, p. 32.
[414] O CRUZEIRO, Rio de Janeiro, n. 26, jun. 1971. p. 14.
[415] O CRUZEIRO, Rio de Janeiro, n. 26, jun. 1971. p. 14.
[416] O CRUZEIRO, Rio de Janeiro, n. 20, p. 26, maio 1971.

Figura 8 – Mulher segurando o pôster que acompanhava a revista *O Cruzeiro*

Fonte: *O Cruzeiro*[417] (fotografia de Idalecio Wanderlei)

Esse pôster que acompanhava a revista *O Cruzeiro* teve tamanha procura após sua distribuição que passou, então, a ser vendido separadamente nas bancas de revista do Rio de Janeiro nos anos 1970.

Um outro momento esperado pelas pessoas que frequentavam a lira de cura era "A Hora Grande" ou "A Grande Hora". Meia-noite, "Hora da Corrente do Amor", seria a hora da meditação, da humildade e da compreensão. Hora em que o Seu Sete saúda todos os presentes e pede encarecidamente que todos se unam em prol de um gesto fraterno, amando-se e unindo-se ao menos naquele momento de respeito. E assim se fazia com os presentes.

---

[417] LEMOS, Ubiratan de. O Maracanã da Fé. *O Cruzeiro*, Rio de Janeiro, n. 26, jun. 1971. p. 41.

Figura 9 – Seu Sete da Lira e criança paralítica

Fonte: *O Cruzeiro*[418]

Figura 10 – Criança sendo segurada por um parente na mesa de cura

Fonte: *O Cruzeiro*[419]

---

[418] LOPES, Wanderley. Salve 'Seo' 7 - A nova dimensão da umbanda. *O Cruzeiro*, Rio de Janeiro, n. 20, jun. 1971. p. 13.
[419] LEMOS, Ubiratan de. O Maracanã da Fé. *O Cruzeiro*, Rio de Janeiro, n. 26, jun. 1971. p. 45.

A fé era tanta que os pais de todos os tipos de crianças as levavam também ao centro para ter uma cura. Seu Sete passava diante da assistência, distribuindo fluidos espirituais e jogando marafo. Cada momento era um retrato de fé; cada detalhe da Lira é a marca da escalada e da caridade pregada pelo Exu.

Era comum ver pessoas procurando a cura na intenção de desfazer trabalhos de bruxaria, feitiçaria e até mesmo de algum tipo de mal agouro. Esse tipo de trabalho seria feito por pessoas que nutrem uma forma/espécie de sentimento negativo por outra, utilizando-se "desse recurso para prejudicá-la de certa forma, tanto quanto a sua saúde física/mental ou na sua vida profissional ou amorosa"[420]. Salientado que nesses trabalhos há diversos graus, na qual se não for desfeito a tempo a pessoa pode vim a óbito. Geralmente esses trabalhos são feitos com energias negativas e por pessoas que frequentam a Kiumbanda[421].

Em resumo, as pessoas que buscam qualquer tipo de cura — espiritual ou carnal — vão em busca da umbanda, seja de forma direta ou indiretamente. É um "pronto-socorro" que está sempre presente, de portas abertas para fazer caridade, ajudando os irmãos encarnados e até mesmo os desencarnados.

O Exu na cidade e na cultura de seus participantes tem um peso considerável nas análises historiográficas e nas fontes. Primeiramente, deve-se levar em consideração que, de acordo com Burke, em relação ao termo "cultura", é ainda mais problemático usá-lo do que o termo "popular". Em suas plavras:

> Como observou Burckhardt em 1882, história cultural é um 'conceito vago'. Em geral, é usado para se referir à 'alta' cultura. Foi estendido 'para baixo', continuando a metáfora, de modo a incluir a 'baixa' cultura, ou cultura popular. Mais recentemente, também se ampliou para os lados. O termo cultura costumava se referir às artes e às ciências. Depois, foi empregado para descrever seus equivalentes populares — música folclórica, medicina popular e assim por diante[422].

O conceito de cultura trazido por Burckhardt, e citado por Burke, encaixa-se no caso das curas feitas pelo Exu Seu Sete da Lira. Deve-se lembrar que, nas últimas gerações de pesquisadores das Ciências

---

[420] LIMA, 2016, p. 33.
[421] LIMA, 2016, p. 33, nota 8.
[422] BURKE, Peter. *O que é História Cultural?* Rio de Janeiro: Zahar, 2008. p. 33.

Humanas, a palavra em si passou a se referir a "uma ampla gama de artefatos (imagens, ferramentas, casas e assim por diante) e práticas (conversar, ler, jogar)"[423].

> Na verdade, em 1871, em seu *Primitive Culture*, outro antropólogo, Edward Tylor, apresentou uma definição semelhante de cultura 'tomada em seu sentido etnográfico amplo', como 'o todo complexo que inclui conhecimento, crença, arte, moral, lei, costume e outras aptidões e hábitos adquiridos pelo homem como membro da sociedade'. A preocupação antropológica com o cotidiano e com sociedades em que há relativamente pouca divisão de trabalho encorajou o emprego do termo 'cultura' em um sentido amplo[424].

De acordo com a análise de Burke, os historiadores culturais e outros membros estudiosos de sua cultura se apropriam dessa noção herdada da Antropologia, ou seja, uma noção mais antropológica da última geração, "a era da 'antropologia histórica' e da 'nova história cultural'"[425]. Essa noção dialoga justamente com a história, por conta da nova história cultural que, paralelamente, discute com outras matérias novos objetos, novas fontes, novas metodologias de estudos e novas análises.

Referências

A LUTA democrática. Rio de Janeiro, 2º caderno, 11-12 abr. 1971.

AGNOLIN, Adone. História das Religiões: Teoria e Método. *In:* MARANHÃO FILHO, Eduardo Weinberg de Albuquerque. *(Re)conhecendo o Sagrado*: reflexões teórico-metodológicas dos estudos de religiões e religiosidades. São Paulo: Fonte Editorial, 2013a.

ARAUJO, Claudete Ribeiro de. *"Sou fundadeira dessa cidade"*: identidade, resistências e empoderamento feminino na umbanda goianiense. 2020. Tese (Doutorado em Ciências da Religião) – Escola de Formação de Professores e Humanidades, Pontifícia Universidade Católica de Goiás, Goiânia, 2020.

AZEVEDO, Amailton. Estética negra e periférica: filosofia, arte e cultura. *Revista de Teoria da História*, v. 22, n. 2, 2019.

---

[423] BURKE, 2008, p. 33.
[424] *Ibidem*, p. 34.
[425] *Idem*.

AZEVEDO, Amailton. *Sambas, quintais e arranha-céus*: As micro-áfricas em São Paulo. 1. ed. São Paulo: Editora Olho d'Água, 2016.

BASTIDE, Roger. *As religiões Africanas no Brasil*. São Paulo: Pioneira, 1971. 2 v.

BIRMAN. Patrícia. *O que é umbanda*. São Paulo: Brasiliense, 1985.

BROWN, Diana. Uma história da umbanda no Rio. *Cadernos do Iser*, Rio de Janeiro, n. 18, 1985.

BURKE, Peter. Abertura: a nova história, seu passado e seu futuro. *In:* BURKE, Peter (org.). *A escrita da história*: novas perspectivas. São Paulo: Ed. UNESP, 1992. p. 7-37.

BURKE, Peter. *A Escola dos Annales (1929-1989)*: a revolução francesa da historiografia. São Paulo: Ed. UNESP, 2010.

BURKE, Peter. *O que é História Cultural?* Rio de Janeiro: Zahar, 2008.

CARDOSO, Ciro Flamarion. Domínios da História - Ensaios de teoria e metodologia. *In:* VAINFAS, Ronaldo (org.). *História das mentalidades e História Cultural*. p. 189-241. *In:* HERMANN, Jaqueline (org.). História das Religiões e Religiosidades. 5ª reimp. Rio de Janeiro: Editora Campus Ltda, 1997. p. 474-507.

CUMINO, Alexandre. *Exu não é Diabo*. 3. ed. São Paulo: Madras, 2019a.

CUMINO, Alexandre. *História da Umbanda:* uma religião brasileira. 4. ed. São Paulo: Madras, 2019b.

DECELSO. UMBANDA – Mensagem de Fé. *A LUTA Democrática*, Rio de Janeiro, 6 de maio 1971. p. 4.

FANON, Frantz. *Pele negra, máscaras brancas*. 2ª reimp. São Paulo: Ubu Editora, 2021.

FIORIN, José Luiz. A construção da identidade nacional brasileira. *BAKHTINIANA*, São Paulo, v. 1, n. 1, p. 115-126, 2009.

FONTENELLE, Aluizio. *Exu*. 2. ed. Rio de Janeiro: Edições Aurora, 1954.

HALL, Stuart. *Cultura e Representação*. Tradução: Daniel Miranda. Rio de Janeiro: Ed. PUC-Rio; Apicuri, 2016.

HERMANN, Jaqueline (org.). *História das Religiões e Religiosidades*. 5. reimp. Rio de Janeiro: Editora Campus Ltda., 1997. p. 474-507.

KOSSY. Boris. *História & Fotografia*. 4. ed. ampliada. São Paulo: Ateliê Editorial, 2012.

KOWARICK, Lúcio. Cortiços: reflexões sobre humilhação, subalternidade e movimentos sociais. *In:* KOWARICK, Lúcio; FRÚGOLI JR., Heitor (org.). *Pluralidade Urbana em São Paulo*. Vulnerabilidade, marginalidade, ativismos. São Paulo: Editora 34, 2016. p. 171-193.

LEMOS, Ubiratan de. O Maracanã da Fé. *O Cruzeiro*, Rio de Janeiro, n. 26, jun. 1971. p. 42.

LEMOS, Ubiratan de. O Maracanã da Fé. *O Cruzeiro*, Rio de Janeiro, n. 26, jun. 1971. p. 43.

LEMOS, Ubiratan de. O Maracanã da Fé. *O Cruzeiro*, Rio de Janeiro, n. 26, jun. 1971. p. 45.

LOPES, Wanderley. Salve 'Seo' 7 - A nova dimensão da umbanda. *O Cruzeiro*, Rio de Janeiro, n. 20, jun. 1971. p. 13.

LIMA, Antonio Ailton de Sousa. *As práticas de cura na umbanda em redenção*. 2016. Trabalho de Conclusão de Curso (Bacharelado em Humanidades) – Instituto de Letras e Humanidades, Universidade de Integração Internacional da Lusofania Afro-Brasileira, Redenção-CE, 2016.

MAFFESOLI, Michel. *A Parte do Diabo:* resumo da subversão pós-moderna. Tradução: Clóvis Marques. Rio de Janeiro: Record, 2004.

MAX, Weber. *Sociologia das religiões*. Tradução: Cláudio J. A. Rodrigues. 2 ed. São Paulo: Ícone, 2015. (Coleção fundamentos da filosofia)

MBEMBE, Achile. *Necropolítica*: biopoder, soberania, estado de exceção, política da morte. São Paulo: N-1 Edições, 2018.

MONTENEGRO, José. Justo Apêlo. *Correio da Manhã*. Rio de Janeiro, p. 3, 28 maio 1971.

NEGRÃO, Lísias Nogueira. *Entre a cruz e a encruzilhada*. São Paulo: Edusp, 1996.

NUNES, Osvaldo. "SEU" Sete. *A LUTA Democrática*, Rio de Janeiro, 12 maio 1970. p. 2.

ORTIZ, Renato. *A morte branca do feiticeiro negro*. São Paulo: Brasiliense, 1999.

O CRUZEIRO. Rio de Janeiro, n. 26, p. 42, jun. 1971.

ORTIZ, Renato. *Cultura brasileira e identidade nacional*. São Paulo: Brasiliense, 2012. p. 7-44.

PASTERNAK, Suzana. Favelas: fatos e boatos. *In:* KOWARICK, Lúcio, FRÚGOLI JR., Heitor (org.). *Pluralidade Urbana em São Paulo*. Vulnerabilidade, marginalidade, ativismos. São Paulo: Editora 34, 2016. p. 83-110.

PEIXOTO, Maria do Rosário da Cunha. Na oficina do historiador: conversas sobre história e imprensa. *Projeto História*, São Paulo, n. 35, p. 253-270, dez. 2007.

PÍNSKY, Carla Bassanezí (org.). Fontes Históricas. *In:* LUCA, Tania Regina de (org.). *Fontes Impressas – História dos, nós e por meio dos periódicos*. 2. ed. São Paulo: Contexto, 2008. p. 111-153.

PONTO de Preto velho (Nessa casa tem quatro cantos). O Som da Minha Fé - Ogã Caio. *YouTube*, 5 fev. 2021. Disponível em: www.youtube.com/watch?v=YebLk6mXGNY&t=1s&ab_channel=OSomdaMinhaF%C3%A9-Og%C3%A3Caio. Acesso em: 24 set. 2024.

PRANDI, Reginaldo. *Mitologia dos Orixás*. São Paulo: Companhia das Letras, 2001.

ROHDE, Bruno Faria. Umbanda, uma Religião que não nasceu: breves considerações sobre uma tendência dominante na interpretação do Universo Umbandista. *Revista de Estudos da Religião*, São Paulo, p. 77-96, mar. 2009. ISSN 1677-1222.

ROSSI, Aldo. A individualidade dos fatos urbanos. A arquitetura. *In:* ROSSI, Aldo. *A Arquitetura da Cidade*. São Paulo: Martins Fontes, 2001. p. 147-208.

SANTOS, Marcos Paulo Amorim dos. O I Congresso do Espiritismo de Umbanda, 1941: manifestações de uma "gramática da repressão". *Revista Hydra*, v. 1, n. 2, ago. 2016.

SHARPE, Jim. A História Vista de Baixo. *In:* BURKE, Peter (org.). *A Escrita da História*: novas perspectivas. São Paulo: Ed. UNESP, 1992. p. 39-62.

SILVA, Tomas Tadeu da (org.).; HALL, Stuart; WOODWARD, Kathryn. *Identidade e diferença*: a perspectiva dos estudos culturais. 15. ed. São Paulo: Vozes, 2014. p.

SOBRE OS AUTORES

Alberto Luiz Schneider

É professor de História do Brasil e membro do Programa de Estudos Pós-Graduados em História da Pontifícia Universidade Católica de São Paulo (PUC-SP). É doutor em História pela Unicamp e realizou pós-doutorado no Departamento de História da USP (2011–2012) e no King's College London (2008). É autor de *Capítulos de História Intelectual: racismos, identidades e alteridades na reflexão sobre o Brasil* (Editora Alameda, 2019) e de vários artigos publicados no Brasil e no exterior.

Orcid: 0000-0002-7308-2524

Amilcar Torrão Filho

Doutor e mestre em História pela Unicamp. Seu doutorado foi com estágio sanduíche na École des hautes études en sciences sociales, em Paris. Graduado em História pela USP. Professor do departamento de História da PUC-SP e coordenador do Programa de Pós-Graduação da mesma universidade no biênio 2023–2025. Realizou vários estágios pós-doutorais na Universidade Politécnica de Cataluña e Universidade de Barcelona. Líder de grupo de pesquisa Núcleo de Estudos da Alteridade (NEA).

Orcid: 0000-0003-0913-6118

Bruna Salles Braconi de Moura

Doutoranda e mestre em História pela Pontifícia Universidade Católica de São Paulo (PUC-SP), especialista em Estética e Gestão de Moda pela Escola de Comunicações e Artes da Universidade de São Paulo (ECA-USP) e bacharel e licenciada em História pela Universidade Federal Fluminense (UFF). É docente de História da Moda no Senac Lapa Faustolo em São Paulo.

Orcid: 0000-0003-0779-6550

Denise Bernuzzi de Sant'Anna

Professora livre docente da PUC-SP, possui pós-doutorado pela EHESS e é doutora pela Universidade de Paris VII. É pesquisadora I do CNPq e autora de diversos livros sobre a história do corpo e história da cidade de São Paulo.

Orcid: 0000-0003-3613-9322

Diógenes Sousa

Doutor pela Pontifícia Universidade Católica de São Paulo (PUC-SP), mestre em Urbanismo pela Pontifícia Universidade Católica de Campinas (PUC Campinas) e bacharel em História pela Universidade Federal de São Paulo, onde atualmente realiza sua pesquisa de pós-doutoramento sobre patrimônio industrial cervejeiro, desindustrialização e urbanização no eixo RJ–SP. Seus temas de pesquisa envolvem o processo de urbanização e a relação com o patrimônio edificado na passagem do século XIX para o século XX. É membro do grupo de pesquisa CAPPH/Unifesp.

Orcid: 0000-0001-9277-5759

Heloisa de Faria Cruz

Historiadora. Professora do Departamento de História da Pontifícia Universidade Católica de São Paulo, atuando na graduação e na pós-graduação. É pesquisadora produtividade do CNPq. Possui doutorado em História Social pela Universidade de São Paulo (1994), mestrado em História Social pela Universidade Estadual de Campinas (1984) e graduação em História pela University Of Wisconsin (1975). Coordena projetos, orienta pesquisadores e tem diversas publicações sobre os seguintes temas: História da Imprensa, Cidade e Culturas Urbanas, Memória e Patrimônio, Direitos Humanos e Ditaduras, História do Trabalho e dos Trabalhadores.

Orcid: 0000-0001-6362-2729

Larissa Luísa da Silva

Doutoranda, mestra em História Social e especialista em História, Sociedade e Cultura pela Pontifícia Universidade Católica de São Paulo (PUC-SP). Graduada em Licenciatura em História pelo Centro Universitário das Faculdades Metropolitanas Unidas (FMU-SP). Professora contratada da Secretaria de Educação do Estado de São Paulo, com atuação nos ensinos fundamental II e médio.

Orcid: 0009-0006-3855-2179

Laura de Souza Cury

Doutora e mestre em História Social pela PUC-SP, formada em Artes Plásticas pela Escola de Comunicação e Artes da USP.

Orcid: 0000-0002-6325-4599

Lucas Rozendo

Mestre em História pelo Programa de Pós-Graduação da Pontifícia Universidade Católica de São Paulo (PUC-SP), com ênfase em História Regional e Intelectualidade. Graduado em História pela mesma instituição, obtendo dupla formação em bacharelado e licenciatura. Trabalha com a análise da intelectualidade regional, identidade cultural e progresso histórico, com foco especial na historiografia de Virgílio Corrêa Filho (1887–1973).

Orcid: 0000-0002-4958-6562

Renata Geraissati Castro de Almeida

Doutora pela Universidade Estadual de Campinas (Unicamp), mestre e bacharel em História pela Universidade Federal de São Paulo (Unifesp). Foi pesquisadora visitante na New York University (NYU). Seus temas de estudo são história da urbanização, da imigração, em especial da colônia sírio-libanesa, e teorias raciais. É membro do grupo de pesquisa CAPPH/Unifesp e CIEC/UNICAMP. Desenvolve projetos na área de patrimônio cultural, sendo uma das idealizadoras do projeto Passeando pelas ruas. Tem experiência em arquivística, atuando na organização de acervos documentais.

Orcid: 0000-0002-5955-4839

Renata de Oliveira Carreto

Doutoranda do Programa de Pós-Graduação em História na Pontifícia Universidade Católica de São Paulo. Possui mestrado em Estética e História da Arte e graduação em Letras. Atua como revisora e produtora editorial.

Orcid: 0009-0009-2934-8450

Verônica Sales Pereira

Professora da FAAC (Unesp/Bauru) desde 2013. Possui doutorado (2003) e mestrado (1997) em Sociologia pela Universidade de São Paulo e é graduada em Ciências Sociais (1990). Realizou estágio doutoral no CEMS/École des Hautes Études en Sciences Sociales (2001) e pós-doutorado em história urbana pela Universidade Estadual de Campinas e Laboratório Geo-Cités - CNRS/Paris 1 (Sorbonne) - Paris 7 (Diderot) (2010). Área de atuação: biografia e história oral, memória social e sociologia urbana, patrimônio histórico, cultura e identidade.

Orcid: 0000-0003-1708-7766